कालिदासविरचितं मेघदूतम्
Meghadūtam of Kalidasa

कालिदासविरचितं मेघदूतम्

Meghadūtam of Kalidasa

Translated by

Richard Hartz

वन्दे मातरम्
LIBRARY

First Edition
15 August 2018

Published by
Vande Mataram Library Trust
875, Sector 17B, Gurgaon, Haryana-122001
Phone: +91 9952888350, +91 124 4361872
Mail: vandemataramlibrary@gmail.com

Cover design by Anjali Nambrath

Translator's Introduction

The poems and dramas of Kalidasa represent the flowering of India's classical civilisation. They provide a gate of entry into the beauty and refinement of one of the leading cultures of the ancient world. Kalidasa lived at a time when India's soft power, as we would now call it, was unrivalled. "If one concentrates attention upon the movement of ideas and especially upon religious changes," observes the historian William McNeill, "India . . . appears to have played the leading role in the entire Eurasian world between 200 and 600 a.d."[1] Kalidasa is usually dated around the middle of that splendid era.

Much water has flowed down the Ganges since then. During a relatively short period, the world came under the political, economic and cultural hegemony of the West. Today that imbalance is coming to an end and influences flow both ways. But this is happening under new conditions of multicultural coexistence in which it seems unlikely that any one civilisation can again dominate the rest. Under these circumstances, the growth of mutual understanding and appreciation of each other's cultures is imperative.

The role of translation, therefore, has become crucial. But the very idea of translating literature, especially poetry, raises difficult questions. In the case of translation across considerable distances of time and between radically different languages

1. William McNeill, *The Rise of the West: A History of the Human Community; with a Retrospective Essay* (Chicago: University of Chicago Press, 1991), p. 362.

and cultures, the problems sometimes seem insoluble. Yet translation is most necessary where cultural differences are greatest.

Over a hundred years ago, Sri Aurobindo wrestled with the theoretical and practical problems of translating Sanskrit poetry into English with particular reference to Kalidasa. His draft of an essay "On Translating Kalidasa" inspired the rendering of the *Meghadūta* or "Cloud Messenger" presented in this book. In his essay, Sri Aurobindo quoted some lines from a translation of that poem which he had apparently done around 1900. Later the rest of his translation was unfortunately lost; but the manuscript of the essay survived, as did a letter containing a few more lines.[2]

Thus we have from Sri Aurobindo's pen both a theory of translation, dealing specifically with problems posed for an English translator by the works of Kalidasa, and a fragmentary illustration of its application to the rendering of the *Meghadūta*. What we do not have is the bulk of Sri Aurobindo's own "Cloud Messenger". The present translation was rashly undertaken a few decades ago to fill this gap with a version done as far as possible along the lines of Sri Aurobindo's approach, even using the same metrical form – the terza rima – and incorporating some of the surviving lines.[3] This was published

2. "I did translate the *Meghadut*," Sri Aurobindo wrote in 1931, "but it was lost by the man with whom I kept it – so mention of it is useless" (Sri Aurobindo, *Letters on Poetry and Art* [Pondicherry: Sri Aurobindo Ashram, 2004], p. 223). The translation had reportedly been placed in a bamboo cylinder and buried; when it was dug up, it was found to have been consumed by white ants.

3. The terza rima (associated most famously with Dante's *Divina Commedia* and in English with poems such as Shelley's "Ode to the West Wind") uses three-line stanzas with an interlocking triple rhyme: A-B-A, B-C-B, C-D-C,

serially in the monthly journal *Mother India* from January to November 1980. It is reprinted here, slightly revised, along with the Sanskrit text.

It might be objected that Sri Aurobindo's approach to poetic translation is outdated, whatever merit it may have had in its own time. The use of metre and rhyme, for example, has long been practically abandoned by poets and translators alike. Sri Aurobindo himself admitted toward the end of his life that his early poetry "belongs to the past and has little chance of recognition now that the aesthetic atmosphere has so violently changed."[4] His poetic translations could have been expected to share this unhappy fate.

In translating the poetry of the past, on the other hand, there often seems to be a tension between the demands of modernism and the spirit of the original works. We may legitimately ask whether free-verse techniques that evolved to express a modern sensibility are necessarily the most suitable for recreating ancient poetry often characterised by formal regularity and other unmodern features. Moreover, the recent movement of New Formalism could be seen as vindicating to some extent the revival of traditional forms as an option

---

etc. The adoption of this exacting scheme has made it difficult to revise my translation today, more than thirty years after it was first written. While I would have preferred to remove some of the grammatical inversions and other old-fashioned turns of language in which I then indulged, this has not always been possible without starting again from scratch. So this youthful attempt (written in the mood of a sort of counter-revolutionary rebellion against what was by then a new literary orthodoxy dominated by free verse) is being reprinted substantially in the form in which it was first published.

4. *Letters on Poetry and Art*, p. 349.

available to translators as well as poets. In the end it is not a question that can be decided theoretically. It is for the readers to decide whether a given translation brings the work to life for them so that they can enjoy it today in their own language.

Richard Hartz

About the Translator

Richard Hartz studied philosophy at Yale University and began to learn Sanskrit after encountering the works of Sri Aurobindo. He continued his studies at the University of Washington, receiving an M.A. in Asian Languages and Literature. Since 1980 he has worked in the Sri Aurobindo Ashram Archives, Pondicherry. He has been an editor of the Complete Works of Sri Aurobindo and teaches in the Sri Aurobindo International Centre of Education. His book, *The Clasp of Civilizations: Globalization and Religion in a Multicultural World*, was published in 2015. He is currently working on a comparison of classical Sanskrit and Chinese poetry.

Kalidasa's *Meghadūta*

Sri Aurobindo on the Poet, the Poem and Its Translation

Kalidasa: His Art and Times

Kalidasa is the great, the supreme poet of the senses, of aesthetic beauty, of sensuous emotion. His main achievement is to have taken every poetic element, all great poetical forms, and subdued them to a harmony of artistic perfection set in the key of sensuous beauty. In continuous gift of seizing an object and creating it to the eye he has no rival in literature. A strong visualising faculty such as the greatest poets have in their most inspired descriptive moments, was with Kalidasa an abiding and unfailing power, and the concrete presentation which this definiteness of vision demanded, suffused with an intimate and sovereign feeling for beauty of colour and beauty of form, constitutes the characteristic Kalidasian manner. He is besides a consummate artist, profound in conception and suave in execution, a master of sound and language who has moulded for himself out of the infinite possibilities of the Sanskrit tongue a verse and diction which are absolutely the grandest, most puissant and most full-voiced of any human speech, a language of the Gods. The note struck by Kalidasa when he built Sanskrit into that palace of noble sound, is the note which meets us in almost all the best work of the classic literature. Its characteristic features of style are a compact but never abrupt brevity, a soft gravity and smooth majesty, a noble harmony of verse, a strong and lucid beauty of chiselled prose, above all an epic precision of phrase, weighty, sparing and yet full of colour and sweetness. Moreover it is admirably flexible, suiting itself to all forms from the epic to the lyric, but most triumphantly to the two greatest, the epic and the drama. In his epic style Kalidasa adds to these permanent features a more than Miltonic fullness and grandiose pitch of sound and expression, in his dramatic an extraordinary grace and suavity which makes it adaptable to conversation and the expression of dramatic shade and subtly blended emotion.

With these supreme gifts Kalidasa had the advantage of being born into an age with which he was in temperamental sympathy and a civilisation which lent itself naturally to his peculiar descriptive genius. It was an aristocratic civilisation, as indeed were those which had preceded it, but it far more nearly resembled the aristocratic civilisations of Europe by its material luxury, its aesthetic tastes, its polite culture, its keen worldly wisdom and its excessive appreciation of wit and learning. . . . The ideals of morality were much lower than of old; free drinking was openly recognised and indulged in by both sexes; purity of life was less valued than in any other period of our civilisation. Yet the unconquerable monogamous instinct of the high-class Hindu woman seems to have prevented promiscuous vice and the disorganisation of the home which was the result of a similar state of society in ancient Rome, in Italy of the Renascence, in France under the Bourbons and in England under the later Stuarts. The old spiritual tendencies were also rather latent than dead, the mighty pristine ideals still existed in theory, – they are outlined with extraordinary grandeur by Kalidasa, – nor had they yet been weakened or lowered to a less heroic key. It was a time in which one might expect to meet the extremes of indulgence side by side with the extremes of renunciation; for the inherent spirituality of the Hindu nature finally revolted against the splendid and unsatisfying life of the senses. But of this phase

Bhartrihari and not Kalidasa is the poet. The greater writer lived evidently in the full heyday of the material age, and there is no sign of any setting in of the sickness and dissatisfaction and disillusionment which invariably follow a long outburst of materialism.

The flourishing of the plastic arts had prepared surroundings of great external beauty of the kind needed for Kalidasa's poetic work. The appreciation of beauty in nature, of the grandeur of mountain and forest, the loveliness of lakes and rivers, the charm of bird and beast life had become a part of contemporary culture. These and the sensitive appreciation of trees and plants and hills as living things, the sentimental feeling of brotherhood with animals which had influenced and been encouraged by Buddhism, the romantic mythological world still farther romanticised by Kalidasa's warm humanism and fine poetic sensibility, gave him exquisite grace and grandeur of background and scenic variety. The delight of the eye, the delight of the ear, smell, palate, touch, the satisfaction of the imagination and taste are the texture of his poetical creation, and into this he has worked the most beautiful flowers of emotion and intellectual or aesthetic ideality. The scenery of his work is a universal paradise of beautiful things. All therein obeys one law of earthly grace; morality is aestheticised, intellect suffused and governed with the sense of beauty. And yet this poetry does not swim in languor, does not dissolve itself in sensuous weakness; it is not heavy with its own dissoluteness, heavy of curl and heavy of eyelid, cloyed by its own sweets, as the poetry of the senses usually is. Kalidasa is saved from this by the chastity of his style, his aim at burdened precision and energy of phrase, his unsleeping artistic vigilance.

As in the Ramayana and Mahabharata we have an absorbing intellect impulse or a dynamic force of moral or immoral excitement driving the characters, so we have in Kalidasa an intense hedonistic impulse thrilling through speech and informing action. An imaginative pleasure in all shades of thought and of sentiment, a rich delight of the mind in its emotions, a luxuriousness of ecstasy and grief, a free abandonment to amorous impulse and rapture, a continual joy of life and seeking for beauty mark the period when India, having for the time exhausted the possibilities of soul-experience attainable through the spirit and the imaginative reason, was now attempting to find out the utmost each sense could feel, probing and sounding the soul-possibilities in matter and even seeking God through the senses. . . . Such was the age of Kalidasa, the temper of the civilisation which produced him; other poets of the time expressed one side of it or another, but his work is its splendid integral epitome, its picture of many composite hues and tones. . . . Kalidasa, who expressed so many sides and facets of it in his writings, stands for its representative man and genius, as was Vyasa of the intellectual mood of Indian civilisation and Valmiki of its moral side.[5]

*

The life and personality of Kalidasa, the epoch in which he lived and wrote, the development of his poetical genius as evidenced by the order of his works, are all lost in a thick cloud of uncertainty and oblivion. It was once thought an established fact that he lived and wrote in the 6th century at the court of Harsha Vikramaditya, the Conqueror of the Scythians. That position is now much assailed, and some would place him in the third or fourth century; others see ground to follow

---

5. "The Age of Kalidasa", in *Early Cultural Writings* (Pondicherry: Sri Aurobindo Ashram, 2003), pp. 162-66.

popular tradition in making him a contemporary of Virgil, if not of Lucretius.

The exact date matters little. It is enough that we find in Kalidasa's poetry the richest bloom and perfect expression of the long classical afternoon of Indian civilisation. The soul of an age is mirrored in this single mind. It was an age when the Indian world after seeking God through the spirit and through action turned to seek Him through the activity of the senses, an age therefore of infinite life, colour and splendour, an age of brilliant painting and architecture, wide learning, complex culture, developing sciences; an age of great empires and luxurious courts and cities; an age, above all, in which the physical beauty and grace of woman dominated the minds and imaginations of men.

The spirit of the times pulses through all Kalidasa's poetry. His pages are often ablaze with its light and colour, often pregnant, sometimes indeed overweighted with its rich and manifold learning, its keen pleasure in every phase and aspect of life fills them with a various vividness and infinite richness of matter.[6]

The *Meghadūta* and Its Translation

Kalidasa's divine and semidivine personages lose none of their godhead by living on the plane of humanity. Perhaps the most exquisite masterpiece in this kind is the Cloud Messenger. . . . Kalidasa's city in the mists is no evanescent city of sunlit clouds; it is his own beautiful and luxurious Ujjayini idealised and exempted from mortal affection; like a true Hindu he insists on translating the ideal into the terms of the familiar, sensuous and earthy. . . . How human, how touching, how common it all

6. "The Spirit of the Times", ibid., p. 236.

is; while we read, we feel ourselves kin to and one with a more beautiful world than our own. These creatures of fancy hardly seem to be an imaginary race but rather ourselves removed from the sordidness and the coarse pains of our world into a more gracious existence. This, I think, is the essential attraction which makes his countrymen to this day feel such a passionate delight in Kalidasa; after reading a poem of his the world and life and our fellow creatures human, animal or inanimate have become suddenly more beautiful and dear to us than they were before; the heart flows out towards birds and beasts and the very trees seem to be drawing us towards them with their branches as if with arms; the vain cloud and the senseless mountain are no longer senseless or empty, but friendly intelligences that have a voice to our souls. Our own common thoughts, feelings and passions have also become suddenly fair to us; they have received the sanction of beauty. And then through the passion of delight and the sense of life and of love in all beautiful objects we reach to the Mighty Spirit behind them whom our soul recognizes no longer as an object of knowledge or of worship but as her lover, to whom she must fly, leaving her husband the material life and braving the jeers and reprobation of the world for His sake. Thus by a singular paradox, one of those beautiful oxymorons of which the Hindu temperament is full, we reach God through the senses, just as our ancestors did through the intellect and through the emotions; for in the Hindu mind all roads lead eventually to the Rome of its longing, the dwelling of the Most High God.[7]

*

The Meghaduta of Kalidasa is the most marvellously perfect descriptive and elegiac poem in the world's literature. Every possible beauty of phrase, every possible beauty of sound,

7. "Vikramorvasie: The Characters", ibid., pp. 214-16.

every grace of literary association, every source of imaginative and sensuous beauty has been woven together into an harmony which is without rival and without fault; for amidst all its wealth of colour, delicacy and sweetness, there is not a word too much or too little, no false note, no excessive or defective touch; the colouring is just and subdued in its richness, the verse movement regular in its variety, the diction simple in its suggestiveness, the emotion convincing and fervent behind a certain high restraint, the imagery precise, right and helpful. . . . Such a poem asks for and repays the utmost pains a translator can give it; it demands all the wealth of word and sound effect, all the power of literary beauty, of imaginative and sensuous charm he has the capacity to extract from the English language. At the same time its qualities of diction and verse cannot be rendered. The diffuseness of English will neither lend itself to the brief suggestiveness of the Sanscrit without being too high-strung, nervous and bare in its strength and so falsifying its flowing harmony and sweetness; nor to its easy harmony without losing closeknit precision and so falsifying its brevity, gravity and majesty. We must be content to lose something in order that we may not lose all.[8]

*

In Kalidasa another very serious difficulty over and beyond the usual pitfalls meets the unhappy translator. Few great Sanscrit poems employ the same metre throughout. . . . If blank verse be, as I believe it is, a fair equivalent for the anustubh, the ordinary epic metre, how shall one find others which shall correspond as well to the "Indra's thunderbolt sloka", the "lesser Indra's thunderbolt sloka", the "gamboling of the tiger sloka" and all those other wonderful and grandiose rhythmic structures with fascinating names of which Kalidasa is so

8. "On Translating Kalidasa", ibid., pp. 261-62.

mighty a master? Nor would such variation be tolerated by English canons of taste. . . . It is only when he comes to the Cloud Messenger that he is free of this difficulty; for the Cloud Messenger is written throughout in a single and consistent stanza. This Mandakranta or "gently stepping" stanza is entirely quantitative and too complicated to be rendered into any corresponding accentual form. . . . In casting about for a metre I was only certain of one thing that neither blank verse nor the royal quatrain would serve my purpose; the one has not the necessary basis of recurring harmonies; in the other the recurrence is too rigid, sharply defined and unvarying to represent the eternal swell and surge of Kalidasa's stanza. Fortunately by an inspiration, and without deliberate choice, Kalidasa's lines as I began turning them flowed or slipped into the form of triple rhyme and that necessarily suggested the terza rima. This metre, as I have treated it, seems to me to reproduce with as much accuracy as the difference between the languages allows, the spiritual and emotional atmosphere of the Cloud Messenger. The terza rima in English lends itself naturally to the principle of variation in recurrence, which imparts so singular a charm to this poem, recurrence in especial of certain words, images, assonances, harmonies, but recurrence always with a difference so as to keep one note sounding through the whole performance underneath its various harmony. In terza rima the triple rhyme immensely helps this effect, for it allows of the same common rhymes recurring but usually with a difference in one or more of their company. . . .

. . . It may be objected that as in the Sanscrit there is no rhyme, the introduction of this element into the English version would disturb the closeness of the spiritual equivalent by the intrusion of a foreign ornament. But this is to argue from a quantitative to an accentual language, which is always a mistake. There are certain effects easily created within the rich quantitative variety of ancient languages, of which an equivalent in English can only be found by the aid of rhyme. . . . There are however two critical superstitions which seriously interfere with the naturalness and ease rhymed poetry demands, the superstition of the perfect rhyme and the superstition of the original rhyme. It is no objection to a rhyme that it is imperfect. There is nothing occult or cryptic in rhyme, no divine law compelling us to assimilate two rhymed endings to the very letter such as the law of the Védic chant by which a single letter mispronounced sterilizes the mantra. Rhyme is a convenience and an ornament intended to serve certain artistic purposes, to create certain sound-effects, and if the effect of a perfect rhyme is beautiful, melodious and satisfying, an imperfect rhyme has sometimes its own finer effect far more subtle, haunting and suggestive; by limiting the satisfaction of the ear, it sets a new chord vibrating in the soul. A poem with an excessive proportion of imperfect rhymes is unsatisfactory, because it would not satisfy the natural human craving for regularity and order; but the slavish use of perfect rhymes only would be still more inartistic because it would not satisfy the natural human craving for liberty and variety. In this respect and in a hundred others the disabilities of the English language have been its blessings; the artistic labour and the opportunity for calling a subtler harmony out of discord have given its best poetical literature a force and power quite out of proportion to the natural abilities of the race. There are of course limits to every departure from rigidity but the degree of imperfection admissible in a rhyme is very great so long as it does not evolve harshness or vulgarism.[9]

---

9. Ibid., pp. 245-49.

Fragments from Sri Aurobindo's Lost Translation of the *Meghadūta*

the hills of mist
Golden, the dwelling place of Faery kings,

And mansions by unearthly moonlight kissed: –
For one dwells there whose brow with the young moon
Lightens as with a marvellous amethyst –[10] [7]

*

Of Tripour slain in lovely dances joined
And linkéd troops the Oreads of the hill
Are singing and inspired with rushing wind

Sweet is the noise of bamboos fluting shrill;
Thou thundering in the mountain-glens with cry
Of drums shouldst the sublime orchestra fill.[11] [56]

*

Dark like the cloudy foot of highest God
When starting from the dwarf-shape world-immense
With Titan-quelling step through heaven he strode.[12] [57]

*

---

10. *Autobiographical Notes and Other Writings of Historical Interest* (Pondicherry, India: Sri Aurobindo Ashram, 2006), p. 136.

11. "On Translating Kalidasa", p. 258.

12. Ibid., p. 254.

For death and birth keep not their mystic round
In Ullaca; there from the deathless trees
The blossom lapses never to the ground

But lives for ever garrulous with bees
All honey-drunk – nor yet its sweets resign.
For ever in their girdling companies. . . .[13] [66]

*

A flickering line of fireflies seen in sleep.[14] [79]

*

Her scarlet mouth is a ripe fruit and red.[15] [80]

*

Sole like a widowed bird when all the nests
Are making.[16] [81]

Note on the use of *italics* in the translation

The translation that follows incorporates at the appropriate points some of the above lines as quoted by Sri Aurobindo in his surviving writings – namely, his translations of the whole or part of verses 56, 57, 66, 79 and 81. His words are printed in italics where they occur, in order to distinguish them from the rest of the translation.

---

13. "Vikramorvasie: The Characters", p. 215.

14. "On Translating Kalidasa", p. 255.

15. Ibid., p. 253.

16. Ibid., p. 257.

Table of Contents

Introduction v-viii

About the Translator ix

Kalidasa's *Meghadūta*
(Sri Aurobindo on the Poet, the Poem and Its Translation) xi-xxi

Meghadūtam - Text and Translation 1-112

Meghadūtam - Quarter Verse Index 113-155

|| 1 ||

कालिदासविरचितं मेघदूतम्
kālidāsaviracitaṁ meghadūtam

कश्चित्कान्ताविरहगुरुणा स्वाधिकारात्प्रमत्तः
शापेनास्तङ्गमितमहिमा वर्षभोग्येण भर्तुः ।
यक्षश्चक्रे जनकतनयास्नानपुण्योदकेषु
स्निग्धच्छायातरुषु वसतिं रामगिर्याश्रमेषु ॥

kaścitkāntāvirahaguruṇā svādhikārātpramattaḥ
śāpenāstaṅgamitamahimā varṣabhogyeṇa bhartuḥ |
yakṣaścakre janakatanayāsnānapuṇyodakeṣu
snigdhacchāyātaruṣu vasatiṁ rāmagiryāśrameṣu ||

FROM splendour exiled and the keen delight
Of deity, for duty's breach compelled
By his lord's bitter curse from touch and sight

Of her he loved, a lonely Yaksha quelled
A year's long sorrow in his burdened breast
In hermit groves of Rama's Mount where welled

Pure waters by chaste Sita's bathing blessed
And where trees clasped the earth with gentle shade
That once God's banished body had caressed.

|| 2 ||

तस्मिन्नद्रौ कतिचिदबलाविप्रयुक्तः स कामी
नीत्वा मासान्कनकवलयभ्रंशरिक्तप्रकोष्ठः ।
आषाढस्य प्रथमदिवसे मेघमाश्लिष्टसानुं
वप्रक्रीडापरिणतगजप्रेक्षणीयं ददर्श ॥

tasminnadrau katicidabalāviprayuktaḥ sa kāmī
nītvā māsānkanakavalayabhraṁśariktaprakoṣṭhaḥ |
āṣāḍhasya prathamadivase meghamāśliṣṭasānuṁ
vaprakrīḍāpariṇatagajaprekṣaṇīyaṁ dadarśa ||

On those far slopes the arid months had weighed
In slow train on the lover's pining heart
And bared his withered wrist till then arrayed

In bands of gold, when presaging the start
Of joyous rain a cloud appeared on high,
Embracing the great peak as when in sport

A mighty elephant stoops down to try
Its strength against a stream-bank. On that source
Of moist desire, whose ardent cyclic cry

|| 3 ||

तस्य स्थित्वा कथमपि पुरः कौतुकाधानहेतो-
रन्तर्बाष्पश्चिरमनुचरो राजराजस्य दध्यौ ।
मेघालोके भवति सुखिनोऽप्यन्यथावृत्ति चेतः
कण्ठाश्लेषप्रणयिनि जने किं पुनर्दूरसंस्थे ॥

tasya sthitvā kathamapi puraḥ kautukādhānahetor-
antarbāṣpaściramanucaro rājarājasya dadhyau |
meghāloke bhavati sukhino'pyanyathāvṛtti cetaḥ
kaṇṭhāśleṣapraṇayini jane kiṁ punardūrasaṁsthe ||

It wakes in earth's parched bosom, long by force
Fierce tears suppressing, the proud Yaksha gazed
In troubled silence; for the quiet course

Of happiest thoughts with change may be amazed
At sighting of a cloud: when yearned-for limbs
Are far what inner tumult must be raised!

|| 4 ||

प्रत्यासन्ने नभसि दयिताजीवितालम्बनार्थी
जीमूतेन स्वकुशलमयीं हारयिष्यन्प्रवृत्तिम् ।
स प्रत्यग्रैः कुटजकुसुमैः कल्पितार्घाय तस्मै
प्रीतः प्रीतिप्रमुखवचनं स्वागतं व्याजहार ॥

pratyāsanne nabhasi dayitājīvitālambanārthī
jīmūtena svakuśalamayīṁ hārayiṣyanpravṛttim |
sa pratyagraiḥ kuṭajakusumaiḥ kalpitārghāya tasmai
prītaḥ prītipramukhavacanaṁ svāgataṁ vyājahāra ||

The month at hand when with wild passion brims
The rain-kissed world, impelled by desperate care
For that frail, precious life sustained on dreams

Of him alone, in hope the cloud might bear
Across the wide-flung lands reviving news
Of his well-being, he kneels now to prepare

A noble offering for his guest and strews
Fresh summer blossoms, suddenly grown glad
And bidding joyful welcome. Of what use

|| 5 ||

धूमज्योतिःसलिलमरुतां संनिपातः क्व मेघः
सन्देशार्थाः क्व पटुकरणैः प्राणिभिः प्रापणीयाः ।
इत्यौत्सुक्यादपरिगणयन्गुह्यकस्तं ययाचे
कामार्ता हि प्रकृतिकृपणाश्चेतनाचेतनेषु ॥

dhūmajyotiḥsalilamarutāṁ sannipātaḥ kva meghaḥ
sandeśārthāḥ kva paṭukaraṇaiḥ prāṇibhiḥ prāpaṇīyāḥ |
ityautsukyādaparigaṇayanguhyakastaṁ yayāce
kāmārtā hi prakṛtikṛpaṇāścetanācetaneṣu ||

For such a task a cloud, that only made
Of smoke, light, wind and water cannot feel
The sense of living speech? Not to be stayed

By dull reflection, he utters his appeal –
To those aflame with love a single face
Both sentient and insentient things reveal:

|| 6 ||

जातं वंशे भुवनविदिते पुष्करावर्तकानां
जानामि त्वां प्रकृतिपुरुषं कामरूपं मघोनः ।
तेनार्थित्वं त्वयि विधिवशाद्दूरबन्धुर्गतोऽहं
याच्ञा मोघा वरमधिगुणे नाधमे लब्धकामा ॥

jātaṁ vaṁśe bhuvanavidite puṣkarāvartakānāṁ
jānāmi tvāṁ prakṛtipuruṣaṁ kāmarūpaṁ maghonaḥ |
tenārthitvaṁ tvayi vidhivaśāddūrabandhurgato'haṁ
yācñā moghā varamadhiguṇe nādhame labdhakāmā ||

"O worthy scion of the world-famed race
Of lofty Thunderheads, chief minister
Of Heaven's all-bounteous lord, striding vast Space

In shapes of thy desire! Thee I implore,
Far-sundered from my spouse by Fate's decree,
As suppliant for thy aid: to bow before

The great of soul, though grant they not our plea,
Is blessing richer than all light success
At baser hands! Ever, O cloud, to thee

|| 7 ||

सन्तप्तानां त्वमसि शरणं तत्पयोद प्रियायाः
सन्देशं मे हर धनपतिक्रोधविश्लेषितस्य ।
गन्तव्या ते वसतिरलका नाम यक्षेश्वराणां
बाह्योद्यानस्थितहरशिरश्चन्द्रिकाधौतहर्म्या ॥

santaptānāṁ tvamasi śaraṇaṁ tatpayoda priyāyāḥ
sandeśaṁ me hara dhanapatikrodhaviśleṣitasya |
gantavyā te vasatiralakā nāma yakṣeśvarāṇāṁ
bāhyodyānasthitaharaśiraścandrikādhautaharmyā ||

They turn whom sun or severed love oppress
  With tedious fire, nor oft dost thou withhold
Thy swift relief; thou wilt convey no less

  The soothing speech of love I now unfold
To her rent from whose side my master's wrath
  Has cast me here. Where dwell the lords of gold,

To Alaka's high city climbs thy path
  And mansions that in moonlight from the head
Of Shiva's trance eternal dreamlike bathe.

|| 8 ||

त्वामारूढं पवनपदवीमुद्गृहीतालकान्ताः
प्रेक्षिष्यन्ते पथिकवनिताः प्रत्ययादाश्वसत्यः ।
कः संनद्धे विरहविधुरां त्वय्युपेक्षेत जायां
न स्यादन्योऽप्यहमिव जनो यः पराधीनवृत्तिः ॥

tvāmārūḍhaṁ pavanapadavīmudgṛhītālakāntāḥ
prekṣiṣyante pathikavanitāḥ pratyayādāśvasatyaḥ |
kaḥ sannaddhe virahavidhurāṁ tvayyupekṣeta jāyāṁ
na syādanyo'pyahamiva jano yaḥ parādhīnavṛttiḥ ||

As thou with this dear charge the ways dost tread
Of viewless wind, sweeping back tangled hair
To watch thy flight, lone travellers' wives will shed

Despair at last; for when thy forces tear
Full-armed the torrid skies, what man would still
Neglect his mistress' tears – unless he share

My plight, indeed, slave to another's will?
And she, for whom thou seekst that realm where tower
The peaks divine, surely breathes there until

|| 9 ||

तां चावश्यं दिवसगणनातत्परामेकपत्नी-
मव्यापन्नामविहतगतिर्द्रक्ष्यसि भ्रातृजायाम् ।
आशाबन्धः कुसुमसदृशं प्रायशो ह्यङ्गनानां
सद्यः पाति प्रणयि हृदयं विप्रयोगे रुणद्धि ॥

tāṁ cāvaśyaṁ divasagaṇanātatparāmekapatnīm
avyāpannāmavihatagatirdrakṣyasi bhrātṛjāyām |
āśābandhaḥ kusumasadṛśaṁ prāyaśo hyaṅganānāṁ
sadyaḥ pāti praṇayi hṛdayaṁ viprayoge ruṇaddhi ||

My glad return, to count of day and hour
Devoted, chaste and pure – oftenest, bound
By hope the heart of woman, a frail flower

That else might fall, yet through grief most profound
Of parted love clings on to life's firm stem.
Favouring signs thy journey will surround

|| 10 ||

मन्दं मन्दं नुदति पवनश्चानुकूलो यथा त्वां
वामश्चायं नदति मधुरं चातकस्ते सगन्धः ।
गर्भाधानक्षणपरिचयान्नूनमाबद्धमालाः
सेविष्यन्ते नयनसुभगं खे भवन्तं बलाकाः ॥

mandaṁ mandaṁ nudati pavanaścānukūlo yathā tvāṁ
vāmaścāyaṁ nadati madhuraṁ cātakaste sagandhaḥ |
garbhādhānakṣaṇaparicayānnūnamābaddhamālāḥ
seviṣyante nayanasubhagaṁ khe bhavantaṁ balākāḥ ||

As gentle breezes on their steady stream
 Waft thee to her, close on thy left will cry
The faithful rain-lark, seized with joy extreme

 At sight of thee; and forming in the sky –
For through thy union do their wombs conceive –
 Into bright garlands, the hen-cranes will fly

Charmingly near thee. As thy thunders cleave
 With welcome violence the air and make
Fertile the mushroomed earth, king-swans will leave

|| 11 ||

कर्तुं यच्च प्रभवति महीमुच्छिलीन्ध्रामवन्ध्यां
तच्छ्रुत्वा ते श्रवणसुभगं गर्जितं मानसोत्काः ।
आ कैलासाद्बिसकिसलयच्छेदपाथेयवन्तः
सम्पत्स्यन्ते नभसि भवतो राजहंसाः सहायाः ॥

kartuṁ yacca prabhavati mahīmucchilīndhrāmavandhyāṁ
tacchrutvā te śravaṇasubhagaṁ garjitaṁ mānasotkāḥ |
ā kailāsādbisakisalayacchedapātheyavantaḥ
sampatsyante nabhasi bhavato rājahaṁsāḥ sahāyāḥ ||

At once their summer haunts, for Manas Lake
Frenzied with yearning; to thy mission's end,
To crystal Mount Kailas, each crimson beak

With lotus fibres stored, they shall attend
On thee, thy comrades of the heavens. So now
Exchange a parting clasp with this dear friend,

|| 12 ||

आपृच्छस्व प्रियसखममुं तुङ्गमालिङ्ग्य शैलं
वन्द्यैः पुंसां रघुपतिपदैरङ्कितं मेखलासु ।
काले काले भवति भवतो यस्य संयोगमेत्य
स्नेहव्यक्तिश्चिरविरहजं मुञ्चतो बाष्पमुष्णम् ॥

āpṛcchasva priyasakhamamuṁ tuṅgamāliṅgya śailaṁ
vandyaiḥ puṁsāṁ raghupatipadairaṅkitaṁ mekhalāsu |
kāle kāle bhavati bhavato yasya saṁyogametya
snehavyaktiściravirahajaṁ muñcato bāṣpamuṣṇam ||

This noble crag that on his ancient brow
Treasures the memory of the sacred feet
Of Sita's lord; always when he and thou,

After long months, embrace in passion sweet
Of brotherhood, he hails thee through a mist
Of tears with warmth and tenderness replete.

|| 13 ||

मार्गं तावच्छृणु कथयतस्त्वत्प्रयाणानुरूपं
संदेशं मे तदनु जलद श्रोष्यसि श्रोत्रपेयम् ।
खिन्नः खिन्नः शिखरिषु पदं न्यस्य गन्तासि यत्र
क्षीणः क्षीणः परिलघु पयः स्त्रोतसां चोपभुज्य ॥

mārgaṁ tāvacchṛṇu kathayatastvatprayāṇānurūpaṁ
sandeśaṁ me tadanu jalada śroṣyasi śrotrapeyam |
khinnaḥ khinnaḥ śikhariṣu padaṁ nyasya gantāsi yatra
kṣīṇaḥ kṣīṇaḥ parilaghu payaḥ srotasāṁ copabhujya ||

Yet must thou hence depart: when thou hast kissed
Farewell and on thy distant way dost soar,
Thou shalt on many gracious summits rest,

Wearied, and shalt from many streams that pour
Delicious waters quench thy aching thirst,
Regaining strength and fullness; but before

Thou dost proceed across the lands, hear first
Thy fitting path, O cloud – thereafter learn
The nectarous words by thee to be rehearsed.

|| 14 ||

अद्रेः शृङ्गं हरति पवनः किंस्विदित्युन्मुखीभि-
र्दृष्टोत्साहश्चकितचकितं मुग्धसिद्धाङ्गनाभिः ।
स्थानादस्मात्सरसनिचुलादुत्पतोदङ्मुखः खं
दिङ्नागानां पथि परिहरन्स्थूलहस्तावलेपान् ॥

adreḥ śṛṅgaṁ harati pavanaḥ kiṁsvidityunmukhībhir-
dṛṣṭotsāhaścakitacakitaṁ mugdhasiddhāṅganābhiḥ |
sthānādasmātsarasaniculādutpatodaṅmukhaḥ khaṁ
diṅnāgānāṁ pathi pariharansthūlahastāvalepān ||

As simple hermit maids their faces turn
  Aloft in awe that wind should break away
That mighty peak, rising from thy sojourn

  In this lush home of reeds, thy mass convey
Northwards – but of the jealous trunks beware
  Of huge sky-elephants that have proud sway

|| 15 ||

रत्नच्छायाव्यतिकर इव प्रेक्ष्यमेतत्पुरस्ता-
द्वल्मीकाग्रात्प्रभवति धनुःखण्डमाखण्डलस्य ।
येन श्यामं वपुरतितरां कान्तिमापत्स्यते ते
बर्हेणेव स्फुरितरुचिना गोपवेषस्य विष्णोः ॥

ratnacchāyāvyatikara iva prekṣyametatpurastād
valmīkāgrātprabhavati dhanuḥkhaṇḍamākhaṇḍalasya |
yena śyāmaṁ vapuratitarāṁ kāntimāpatsyate te
barheṇeva sphuritarucinā gopaveṣasya viṣṇoḥ ||

Over the ends of Space! Staining the air
With quivering jewel-hues, against thee springs
From this great ant-hill's mouth a fragment fair

Of Indra's radiant bow; its beauty brings
To thy dark shape the charm surpassing speech
Of Vishnu's cowherd form when to it clings

|| 16 ||

त्वय्यायत्तं कृषिफलमिति भ्रूविकारानभिज्ञैः
प्रीतिस्निग्धैर्जनपदवधूलोचनैः पीयमानः ।
सद्यःसीरोत्कषणसुरभि क्षेत्रमारुह्य मालं
किंचित्पश्चाद्व्रज लघुगतिर्भूय एवोत्तरेण ॥

tvayyāyattaṁ kṛṣiphalamiti bhrūvikārānabhijñaiḥ
prītisnigdhairjanapadavadhūlocanaiḥ pīyamānaḥ |
sadyaḥsīrotkaṣaṇasurabhi kṣetramāruhya mālaṁ
kiñcitpaścādvraja laghugatirbhūya evottareṇa ||

The feather of a peacock. Climb now, reach
The fertile plain, fragrant of fresh-ploughed soil,
Where Mala's rustic women will beseech

Thy stay with gentle eyes devoid of guile
Glistening in affection, for they know
Thee as the giver of all fruit of toil –

Yet longer tarry not than to bestow
The bounty of thy drops, then drift again
More lightly on the winds that northward blow.

|| 17 ||

त्वामासारप्रशमितवनोपप्लवं साधु मूर्ध्ना
वक्ष्यत्यध्वश्रमपरिगतं सानुमानाम्रकूटः ।
न क्षुद्रोऽपि प्रथमसुकृतापेक्षया संश्रयाय
प्राप्ते मित्रे भवति विमुखः किं पुनर्यस्तथोच्चैः ॥

tvāmāsāraprasamitavanopaplavaṁ sādhu mūrdhnā
vakṣyatyadhvaśramaparigataṁ sānumānāmrakūṭaḥ |
na kṣudro'pi prathamasukṛtāpekṣayā saṁśrayāya
prāpte mitre bhavati vimukhaḥ kiṁ punaryastathoccaiḥ ||

Soon, travel-worn, a pleasant rest obtain
On Mango Peak, whose plagues of forest-fire
Thou oftentimes hast quenched with sudden rain

On thy arrival: therefore with joy entire
He shall sustain thee – even the mean would not
Refuse a friend approached in just desire

Of refuge; could one so exalted, sought
By right of favours past, thee then deny?
The mountain gleams with newly ripened fruit

|| 18 ||

छन्नोपान्तः परिणतफलद्योतिभिः काननाम्रै-
स्त्वय्यारूढे शिखरमचलः स्निग्धवेणीसवर्णे ।
नूनं यास्यत्यमरमिथुनप्रेक्षणीयामवस्थां
मध्ये श्यामः स्तन इव भुवः शेषविस्तारपाण्डुः ॥

channopāntaḥ pariṇataphaladyotibhiḥ kānanāmrais-
tvayyārūḍhe śikharamacalaḥ snigdhaveṇīsavarṇe |
nūnaṁ yāsyatyamaramithunaprekṣaṇīyāmavasthāṁ
madhye śyāmaḥ stana iva bhuvaḥ śeṣavistārapāṇḍuḥ ||

Crowding its mango trees; as thou dost lie
   Upon its top, in colour like some braid
Of glossy hair, it seems – viewed from the sky

   By divine couples – a sweet breast betrayed
Of the young mother Earth, its centre dark,
   And golden the expanse thereround displayed.

|| 19 ||

स्थित्वा तस्मिन्वनचरवधूभुक्तकुञ्जे मुहूर्तं
तोयोत्सर्गद्रुततरगतिस्तत्परं वर्त्म तीर्णः ।
रेवां द्रक्ष्यस्युपलविषमे विन्ध्यपादे विशीर्णां
भक्तिच्छेदैरिव विरचितां भूतिमङ्गे गजस्य ॥

sthitvā tasminvanacaravadhūbhuktakuñje muhūrtaṁ
toyotsargadrutataragatistatparaṁ vartma tīrṇaḥ |
revāṁ drakṣyasyupalaviṣame vindhyapāde viśīrṇāṁ
bhakticchedairiva viracitāṁ bhūtimaṅge gajasya ||

Thus linger on awhile, where thou mayst mark
The woodmen's wives savouring delicious bowers
Cool from thy rain; but hasten now, embark

For Reva's stream, that where the Vindhya towers
Spreads broken at its feet like brilliant lines
Gracing a festive elephant. Thy showers

|| 20 ||

तस्यास्तिक्तैर्वनगजमदैर्वासितं वान्तवृष्टि-
र्जम्बूकुञ्जप्रतिहतरयं तोयमादाय गच्छेः ।
अन्तःसारं घन तुलयितुं नानिलः शक्ष्यति त्वां
रिक्तः सर्वो भवति हि लघुः पूर्णता गौरवाय ॥

tasyāstiktairvanagajamadairvāsitaṁ vāntavṛṣṭir-
jambūkuñjapratihatarayaṁ toyamādāya gaccheḥ |
antaḥsāraṁ ghana tulayituṁ nānilaḥ śakṣyati tvāṁ
riktaḥ sarvo bhavati hi laghuḥ pūrṇatā gauravāya ||

Depleted, stoop to draw from those ravines
  Water with pungent taste of ichor blent
From rutting forest giants, as it careens

  Down the steep slopes, delayed in its descent
By dense rose-apple thickets: so restored,
  No wind shall trifle with thee, insolent

|| 21 ||

नीपं दृष्ट्वा हरितकपिशं केसरैरर्धरूढै-
राविर्भूतप्रथममुकुलाः कन्दलीश्चानुकच्छम् ।
जग्ध्वाऽरण्येष्वधिकसुरभिं गन्धमाघ्राय चोर्व्याः
सारङ्गास्ते जललवमुचः सूचयिष्यन्ति मार्गम् ॥

nīpaṁ dṛṣṭvā haritakapiśaṁ kesarairardharūḍhair-
āvirbhūtaprathamamukulāḥ kandalīścānukaccham |
jagdhvā'raṇyeṣvadhikasurabhiṁ gandhamāghrāya corvyāḥ
sāraṅgāste jalalavamucaḥ sūcayiṣyanti mārgam ||

In pride of strength – to riches all accord
Reverence, while poverty with scorn is met.
Black bees in many a melodious horde

To green-gold blossoms drawn with stamens yet
Half-folded; spotted antelope along
Lush stream-banks, lured by ruby buds that whet

Expectant hunger; elephants that throng
Burnt woodlands, crazed with fragrance exquisite
Of rain-soaked earth: the course where thou hast flung

|| 22 ||

उत्पश्यामि द्रुतमपि सखे मत्प्रियार्थं यियासोः
कालक्षेपं ककुभसुरभौ पर्वते पर्वते ते ।
शुक्लापाङ्गैः सजलनयनैः स्वागतीकृत्य केकाः
प्रत्युद्यातः कथमपि भवान्गन्तुमाशु व्यवस्येत् ॥

utpaśyāmi drutamapi sakhe matpriyārthaṁ yiyāsoḥ
kālakṣepaṁ kakubhasurabhau parvate parvate te |
śuklāpāṅgaiḥ sajalanayanaiḥ svāgatīkṛtya kekāḥ
pratyudyātaḥ kathamapi bhavāngantumāśu vyavasyet ||

Thy gifts these will reveal. Though it befit
Thy nature, noble friend, that thou wouldst haste
For my sake, I foresee thy heart submit

To many a fair hill, its flowers placed
In greeting at thy feet; lifting bright eyes
Bedewed with tears that to their zeal attest,

As rapturous peacocks cast their piercing cries
Of welcome, thou must yet resolve somehow
To travel onward. Soon, before thee lies

|| 23 ||

पाण्डुच्छायोपवनवृतयः केतकैः सूचिभिन्नै-
र्नीडारम्भैर्गृहबलिभुजामाकुलग्रामचैत्याः ।
त्वय्यासन्ने परिणतफलश्यामजम्बूवनान्ताः
संपत्स्यन्ते कतिपयदिनस्थायिहंसा दशार्णाः ॥

pāṇḍucchāyopavanavṛtayaḥ ketakaiḥ sūcibhinnair-
nīḍārambhairgṛhabalibhujāmākulagrāmacaityāḥ |
tvayyāsanne pariṇataphalaśyāmajambūvanāntāḥ
sampatsyante katipayadinasthāyihaṁsā daśārṇāḥ ||

The Land of the Ten Citadels, where now
Each garden-hedge will suddenly grow white
With blooming cactus; all at once each bough

Of holy fig-trees will become the site
Of crows' loud nesting; while on every pond
Will float the royal swans that in thy flight

Surround thee; and the rose-apple groves beyond
The town-walls will assume a darker hue
As to thy rain their ripening fruits respond.

|| 24 ||

तेषां दिक्षु प्रथितविदिशालक्षणां राजधानीं
गत्वा सद्यः फलमविकलं कामुकत्वस्य लब्धा ।
तीरोपान्तस्तनितसुभगं पास्यसि स्वादु यस्मात्
सभ्रूभङ्गं मुखमिव पयो वेत्रवत्याश्चलोर्मि ॥

teṣāṁ dikṣu prathitavidiśālakṣaṇāṁ rājadhānīṁ
gatvā sadyaḥ phalamavikalaṁ kāmukatvasya labdhā |
tīropāntastanitasubhagaṁ pāsyasi svādu yasmāt
sabhrūbhaṅgaṁ mukhamiva payo vetravatyāścalormi ||

Amid this realm will come into thy view
Its capital, famed seat of princes proud,
Where perfect lover's bliss thou wilt pursue

And clasp: for thou shalt taste, O amorous cloud,
Sweet Vetravati's liquid lips, her face
At thy approaching thunder's voice arch-browed

|| 25 ||

नीचैराख्यं गिरिमधिवसेस्तत्र विश्रामहेतो-
स्त्वत्संपर्कात् पुलकितमिव प्रौढपुष्पैः कदम्बैः ।
यः पण्यस्त्रीरतिपरिमलोद्गारिभिर्नागराणा-
मुद्दामानि प्रथयति शिलावेश्मभिर्यौवनानि ॥

nīcairākhyaṁ girimadhivasestatra viśrāmahetos-
tvatsaṁparkāt pulakitamiva prauḍhapuṣpaiḥ kadambaiḥ|
yaḥ paṇyastrīratiparimalodgāribhirnāgarāṇām-
uddāmāni prathayati śilāveśmabhiryauvanāni ||

With charming waves. Take here thy resting-place
Atop Kadamba Hill, whom thou shalt feel
Bristle with blossoms at thy moist embrace,

And all the wanton revelry reveal
Of city youth as from his caves rich scents
Of courtesans' seductive perfume steal.

|| 26 ||

विश्रान्तः सन्व्रज वननदीतीरजानां निषिञ्च-
न्नुद्यानानां नवजलकणैर्यूथिकाजालकानि ।
गण्डस्वेदापनयनरुजाक्लान्तकर्णोत्पलानां
छायादानात् क्षणपरिचितः पुष्पलावीमुखानाम् ॥

viśrāntaḥ sanvraja vananadītīrajānāṁ niṣiñcan-
nudyānānāṁ navajalakaṇairyūthikājālakāni |
gaṇḍasvedāpanayanarujāklāntakarṇotpalānāṁ
chāyādānāt kṣaṇaparicitaḥ puṣpalāvīmukhānām ||

Journeying on, thy gentle rain dispense
To jasmine vines whose tender buds adorn
Parks on each river's edge; thy shade presents

Brief comfort to flower-girls, whose lilies worn
As earrings wilt with wiping from their cheeks
Warm sweat of sun and arduous labour born.

|| 27 ||

वक्रः पन्था यदपि भवतः प्रस्थितस्योत्तराशां
सौधोत्सङ्गप्रणयविमुखो मा स्म भूरुज्जयिन्याः ।
विद्युद्दामस्फुरितचकितैस्तत्र पौराङ्गनानां
लोलापाङ्गैर्यदि न रमसे लोचनैर्वञ्चितोऽसि ॥

vakraḥ panthā yadapi bhavataḥ prasthitasyottarāśāṁ
saudhotsaṅgapraṇayavimukho mā sma bhūrujjayinyāḥ |
vidyuddāmasphuritacakitaistatra paurāṅganānāṁ
lolāpāṅgairyadi na ramase locanairvañcito'si ||

The straight path to Himalay's sovereign peaks
Lies northward; yet veer west: scorn not the call
Of fair Ujjain – there, startled by lightning-streaks

Loosed from thy perch upon a palace wall,
The large and lustrous dancing-cornered eyes
Of loveliest women will thy sight enthrall.

|| 28 ||

वीचिक्षोभस्तनितविहगश्रेणिकाञ्चीगुणायाः
संसर्पन्त्याः स्खलितसुभगं दर्शितावर्तनाभेः ।
निर्विन्ध्यायाः पथि भव रसाभ्यन्तरः सन्निपत्य
स्त्रीणामाद्यं प्रणयवचनं विभ्रमो हि प्रियेषु ॥

vīcikṣobhastanitavihagaśreṇikāñcīguṇāyāḥ
saṁsarpantyāḥ skhalitasubhagaṁ darśitāvartanābheḥ |
nirvindhyāyāḥ pathi bhava rasābhyantaraḥ sannipatya
strīṇāmādyaṁ praṇayavacanaṁ vibhramo hi priyeṣu ||

Midway, Nirvindhya River will entice,
Artfully shy, thy amorous gaze upon
Her navel's eddying depth, and means devise

To snare thy ear, tossing her clamorous zone
Of geese as trippingly her currents glide
Before thee; her sweet substance with thy own

|| 29 ||

वेणीभूतप्रतनुसलिला तामतीतस्य सिन्धुः
पाण्डुच्छाया तटरुहतरुभ्रंशिभिर्जीर्णपर्णैः ।
सौभाग्यं ते सुभग विरहावस्थया व्यञ्जयन्ती
कार्श्यं येन त्यजति विधिना स त्वयैवोपपाद्यः ॥

veṇībhūtapratanusalilā tāmatītasya sindhuḥ
pāṇḍucchāyā taṭaruhatarubhraṁśibhirjīrṇaparṇaiḥ |
saubhāgyaṁ te subhaga virahāvasthayā vyañjayantī
kārśyaṁ yena tyajati vidhinā sa tvayaivopapādyaḥ ||

Mingled, pass on. Shortly thy cloudy stride
Will reach the Sindhu, one whose wan disease
Cries for a cure thou only canst provide:

Pallid with the parched leaves her pining trees
Have shed, she seems her shrivelled stream to wear
In a harsh, lonely braid – her pain to ease

|| 30 ||

प्राप्यावन्तीनुदयनकथाकोविदग्रामवृद्धान्
पूर्वोद्दिष्टामुपसर पुरीं श्रीविशालां विशालाम् ।
स्वल्पीभूते सुचरितफले स्वर्गिणां गां गतानां
शेषैः पुण्यैर्हृतमिव दिवः कान्तिमत्खण्डमेकम् ॥

prāpyāvantīnudayanakathākovidagrāmavṛddhān
pūrvoddiṣṭāmupasara purīṁ śrīviśālāṁ viśālām |
svalpībhūte sucaritaphale svargiṇāṁ gāṁ gatānāṁ
śeṣaiḥ puṇyairhṛtamiva divaḥ kāntimatkhaṇḍamekam ||

Must be thy privilege. At last there near
Fields of Avanti, where old village folk
Draw tireless crowds the ancient tale to hear

Of a bold princess who her king's stern yoke
Defied for love. Close at thy feet regard
The radiant city now, a fragment broke

|| 31 ||

दीर्घीकुर्वन्पटु मदकलं कूजितं सारसानां
प्रत्यूषेषु स्फुटितकमलामोदमैत्रीकषायः ।
यत्र स्त्रीणां हरति सुरतग्लानिमङ्गानुकूलः
शिप्रावातः प्रियतम इव प्रार्थनाचाटुकारः ॥

dīrghīkurvanpaṭu madakalaṁ kūjitaṁ sārasānāṁ
pratyūṣeṣu sphuṭitakamalāmodamaitrīkaṣāyaḥ |
yatra strīṇāṁ harati surataglānimaṅgānukūlaḥ
śiprāvātaḥ priyatama iva prārthanācāṭukāraḥ ||

From Heaven that happy souls their high reward
Of virtue might in earthly frames fulfil.
Here at dawn, limbs love-wearied are restored

By Shipra's breezes, which prolong the shrill
Exultant whoop of cranes, and waft a tart
Sweet scent from new-blown lotus-blooms, and thrill

|| 32 ||

जालोद्गीर्णैरुपचितवपुः केशसंस्कारधूपै-
र्बन्धुप्रीत्या भवनशिखिभिर्दत्तनृत्योपहारः ।
हर्म्येष्वस्याः कुसुमसुरभिष्वध्वखेदं नयेथा
लक्ष्मीं पश्यंल्ललितवनितापादरागाङ्कितेषु ॥

jālodgīrṇairupacitavapuḥ keśasaṁskāradhūpair-
bandhuprītyā bhavanaśikhibhirdattanṛtyopahāraḥ |
harmyeṣvasyāḥ kusumasurabhiṣvadhvakhedaṁ nayethā
lakṣmīṁ paśyaṁllalitavanitāpādarāgāṅkiteṣu ||

Through every nerve as through a woman's heart
A lover's flatteries. Take here delight
And rest, for soon shall thy fatigue depart:

Arriving on some mansion's pleasant height
Fragrant with flowers and marked with rosy dye
From ornamented feet, thou wilt incite

Pet peacocks with a dance to treat thine eye
While through the lattice-work from drying hair
Float incense fumes thy bulk to fortify.

|| 33 ||

भर्तुः कण्ठच्छविरिति गणैः सादरं वीक्ष्यमाणः
पुण्यं यायास्त्रिभुवनगुरोर्धाम चण्डीश्वरस्य ।
धूतोद्यानं कुवलयरजोगन्धिभिर्गन्धवत्या-
स्तोयक्रीडानिरतयुवतिस्नानतिक्तैर्मरुद्भिः ॥

bhartuḥ kaṇṭhacchaviriti gaṇaiḥ sādaraṁ vīkṣyamāṇaḥ
puṇyaṁ yāyāstribhuvanagurordhāma caṇḍīśvarasya |
dhūtodyānaṁ kuvalayarajogandhibhirgandhavatyās-
toyakrīḍāniratayuvatisnānatiktairmarudbhiḥ ||

A spot of timeless sanctity lies here
    Thou must not miss, where spirit-hosts obey
Time's mystic Lord and in thy hue revere

    The darkened throat of him that drank away
The primal poison. He they serve abides
    On Gandhavati's shore, whose gardens sway

To perfumed winds in which the pollen rides
    Of water-lilies mixed with odorous mist
From maidens' sportive bathing in the tides.

|| 34 ||

अप्यन्यस्मिञ्जलधर महाकालमासाद्य काले
स्थातव्यं ते नयनविषयं यावदत्येति भानुः ।
कुर्वन्सन्ध्याबलिपटहतां शूलिनः श्लाघनीया-
मामन्द्राणां फलमविकलं लप्स्यसे गर्जितानाम् ॥

apyanyasmiñjaladhara mahākālamāsādya kāle
sthātavyaṁ te nayanaviṣayaṁ yāvadatyeti bhānuḥ |
kurvansandhyābalipaṭahatāṁ śūlinaḥ ślāghanīyām-
āmandrāṇāṁ phalamavikalaṁ lapsyase garjitānām ||

Though earlier come, thy restlessness resist
Till the resplendent sun has ceased to blaze
On vision's verge, then as a drum assist

The twilight sacrifice – so winning praise
From all as thou thy rumbling thunderous art
To pitch of divine fruitfulness dost raise.

|| 35 ||

पादन्यासैः क्वणितरशनास्तत्र लीलावधूतै
रत्नच्छायाखचितवलिभिश्चामरैः क्लान्तहस्ताः ।
वेश्यास्त्वत्तो नखपदसुखान्प्राप्य वर्षाग्रबिन्दू-
नामोक्ष्यन्ते त्वयि मधुकरश्रेणिदीर्घान्कटाक्षान् ॥

pādanyāsaiḥ kvaṇitaraśanāstatra līlāvadhūtai
ratnacchāyākhacitavalibhiścāmaraiḥ klāntahastāḥ |
veśyāstvatto nakhapadasukhānprāpya varṣāgrabindūn-
āmokṣyante tvayi madhukaraśreṇidīrghānkaṭākṣān ||

As thy first cooling drops transmute the smart
Of nail-prints, temple girls whose girdles ring
To each foot's measured fall will at thee dart

Glances like a long row of bees that sting
With bliss; while gracefully they toil below
With jewelled chowries, thy brief comforts bring.

|| 36 ||

पश्चादुच्चैर्भुजतरुवनं मण्डलेनाभिलीनः
सांध्यं तेजः प्रतिनवजपापुष्परक्तं दधानः ।
नृत्यारम्भे हर पशुपतेरार्द्रनागाजिनेच्छां
शान्तोद्वेगस्तिमितनयनं दृष्टभक्तिर्भवान्या ॥

paścāduccairbhujataruvanaṁ maṇḍalenābhilīnaḥ
sāndhyaṁ tejaḥ pratinavajapāpuṣparaktaṁ dadhānaḥ |
nṛtyārambhe hara paśupaterārdranāgājinecchāṁ
śāntodvegastimitanayanaṁ dṛṣṭabhaktirbhavānyā ||

Then blooming rose-like in the twilight glow
And on the forest of uplifted hands
Settling as he, who slew the demon-foe

Elephant-shaped, begins his solemn dance
Of victory, remove his need to don
That grisly hide; so will the scene entrance

The Mother of the Gods and she look on
With an untroubled gaze – a richer prize
Of pure devotion in the worlds is none.

|| 37 ||

गच्छन्तीनां रमणवसतिं योषितां तत्र नक्तं
रुद्धालोके नरपतिपथे सूचिभेद्यैस्तमोभिः ।
सौदामन्या कनकनिकषस्निग्धया दर्शयोर्वीं
तोयोत्सर्गस्तनितमुखरो मा च भूर्विक्लवास्ताः ॥

gacchantīnāṁ ramaṇavasatiṁ yoṣitāṁ tatra naktaṁ
ruddhāloke narapatipathe sūcibhedyaistamobhiḥ |
saudāmanyā kanakanikaṣasnigdhayā darśayorvīṁ
toyotsargastanitamukharo mā ca bhūrviklavāstāḥ ||

When thickened shadows seal off from all eyes
The king's road, soft as on the touchstone gleams
A streak of gold thy lightning-flash supplies

A torch to show the ground in night it seems
A needle's point might prick; but silent hold
Thy thunder's roar and thy torrential streams:

So tender beauties, timid but ensouled
With passion, to their lovers' secret arms
May make their way with fearless hearts and bold.

|| 38 ||

तां कस्याञ्चिद्भवनवलभौ सुप्तपारावतायां
नीत्वा रात्रिं चिरविलसनात् खिन्नविद्युत्कलत्रः ।
दृष्टे सूर्ये पुनरपि भवान्वाहयेदध्वशेषं
मन्दायन्ते न खलु सुहृदामभ्युपेतार्थकृत्याः ॥

tāṁ kasyāñcidbhavanavalabhau suptapārāvatāyāṁ
nītvā rātriṁ ciravilasanāt khinnavidyutkalatraḥ |
dṛṣṭe sūrye punarapi bhavānvāhayedadhvaśeṣaṁ
mandāyante na khalu suhṛdāmabhyupetārthakṛtyāḥ ||

Thy wife the lightning's scintillating charms
Enjoy until she tires: the dim hours left
Pass on a dove-filled rooftop; but as warms

The sun-awakened air, resume with swift
Firm pace thy journey – they whose labours serve
A friend from their sworn task will never drift.

|| 39 ||

तस्मिन्काले नयनसलिलं योषितां खण्डितानां
शान्तिं नेयं प्रणयिभिरतो वर्त्म भानोस्त्यजाशु ।
प्रालेयास्रं कमलवदनात्सोऽपि हर्तुं नलिन्याः
प्रत्यावृत्तस्त्वयि कररुधि स्यादनल्पाभ्यसूयः ॥

tasminkāle nayanasalilaṁ yoṣitāṁ khaṇḍitānāṁ
śāntiṁ neyaṁ praṇayibhirato vartma bhānostyajāśu |
prāleyāsraṁ kamalavadanātso'pi hartuṁ nalinyāḥ
pratyāvṛttastvayi kararudhi syādanalpābhyasūyaḥ ||

Now is the time when from the slighted curve
Of quivering lashes errant lovers quell
Sweet angry tears; so from the sun's path swerve,

Who seeks too his dear lotus, to dispel
The dew from her closed face – how hot would feel
His wrath shouldst thou his radiant hand repel!

|| 40 ||

गम्भीरायाः पयसि सरितश्चेतसीव प्रसन्ने
छायात्माऽपि प्रकृतिसुभगो लप्स्यते ते प्रवेशम् ।
तस्मादस्याः कुमुदविशदान्यर्हसि त्वं न धैर्यान्
मोघीकर्तुं चटुलशफरोद्वर्तनप्रेक्षितानि ॥

gambhīrāyāḥ payasi saritaścetasīva prasanne
chāyātmā'pi prakṛtisubhago lapsyate te praveśam |
tasmādasyāḥ kumudaviśadānyarhasi tvaṁ na dhairyān
moghīkartuṁ caṭulaśapharodvartanaprekṣitāni ||

Resistless does thy mirrored beauty steal
Into Deep River's dreams; so must thy flight
Pause when from a still pool leaps the appeal

Of minnow glances quick and flashing white
As the moon-lily. After thou hast sipped
Her joy and wouldst depart, poignant thy plight:

|| 41 ||

तस्याः किञ्चित्करधृतमिव प्राप्तवानीरशाखं
हृत्वा नीलं सलिलवसनं मुक्तरोधोनितम्बम् ।
प्रस्थानं ते कथमपि सखे लम्बमानस्य भावि
ज्ञातास्वादो विवृतजघनां को विहातुं समर्थः ॥

tasyāḥ kiñcitkaradhṛtamiva prāptavānīraśākhaṁ
hṛtvā nīlaṁ salilavasanaṁ muktarodhonitambam |
prasthānaṁ te kathamapi sakhe lambamānasya bhāvi
jñātāsvādo vivṛtajaghanāṁ ko vihātuṁ samarthaḥ ||

For from her sand-fair body hast thou slipped
The blue and flowing dress her reedy hands
Now hold before her – such a maid bare-hipped

To leave thy utmost fortitude demands!
Aspiring now to Skanda's Peak, a great
Fresh wind will lift thee across jungled lands

|| 42 ||

त्वन्निष्यन्दोच्छ्वसितवसुधागन्धसम्पर्करम्यः
स्रोतोरन्ध्रध्वनितसुभगं दन्तिभिः पीयमानः ।
नीचैर्वास्यत्युपजिगमिषोर्देवपूर्वं गिरिं ते
शीतो वायुः परिणमयिता काननोदुम्बराणाम् ॥

tvanniṣyandocchvasitavasudhāgandhasamparkaramyaḥ
srotorandhradhvanitasubhagaṁ dantibhiḥ pīyamānaḥ |
nīcairvāsyatyupajigamiṣordevapūrvaṁ giriṁ te
śīto vāyuḥ pariṇamayitā kānanodumbarāṇām ||

Where wild figs ripen and Earth's lungs dilate
With new life at thy touch, breathing a scent
That will the elephants intoxicate

To splendid trumpeting. The permanent
Abode of the War-God is here, a Power
Worthy of worship: all thy element

|| 43 ||

तत्र स्कन्दं नियतवसतिं पुष्पमेघीकृतात्मा
पुष्पासारैः स्नपयतु भवान्व्योमगङ्गाजलार्द्रैः ।
रक्षाहेतोर्नवशशिभृता वासवीनां चमूना-
मत्यादित्यं हुतवहमुखे सम्भृतं तद्धि तेजः ॥

tatra skandaṁ niyatavasatiṁ puṣpameghīkṛtātmā
puṣpāsāraiḥ snapayatu bhavānvyomagaṅgājalārdraiḥ |
rakṣāhetornavaśaśibhṛtā vāsavīnāṁ camūnām-
atyādityaṁ hutavahamukhe sambhṛtaṁ taddhi tejaḥ ||

Transforming to a cloud of blossoms, shower
Thy fitting tribute on him moist with dew
From the ethereal Ganges – for an hour

Divine witnessed his advent to subdue
The Heaven-defying hosts; the Fire his womb,
From Shiva's more than sun-bright seed he grew.

|| 44 ||

ज्योतिर्लेखावलयि गलितं यस्य बर्हं भवानी
पुत्रप्रेम्णा कुवलयदलप्रापि कर्णे करोति ।
धौतापाङ्गं हरशशिरुचा पावकेस्तं मयूरं
पश्चादद्रिग्रहणगुरुभिर्गर्जितैर्नर्तयेथाः ॥

jyotirlekhāvalayi galitaṁ yasya barhaṁ bhavānī
putrapremṇā kuvalayadalaprāpi karṇe karoti |
dhautāpāṅgaṁ haraśaśirucā pāvakestaṁ mayūraṁ
paścādadrigrahaṇagurubhirgarjitairnartayethāḥ ||

His bird of majesty whose moulted plume
Night-hued, light-ringed bedecks the Mother's ear,
Whose brilliant-cornered eye keen rays illume

From Shiva's brow, that peacock will for sheer
Exuberance dance when thy deep thunder's call
Rebounding from the caverns it shall hear.

|| 45 ||

आराध्यैनं शरवणभवं देवमुल्लङ्घिताध्वा
सिद्धद्वन्द्वैर्जलकणभयाद्वीणिभिर्मुक्तमार्गः ।
व्यालम्बेथाः सुरभितनयालम्भजां मानयिष्यन्
स्रोतोमूर्त्या भुवि परिणतां रन्तिदेवस्य कीर्तिम् ॥

ārādhyainaṁ śaravaṇabhavaṁ devamullaṅghitādhvā
siddhadvandvairjalakaṇabhayādvīṇibhirmuktamārgaḥ |
vyālambethāḥ surabhitanayālambhajāṁ mānayiṣyan
srotomūrtyā bhuvi pariṇatāṁ rantidevasya kīrtim ||

The Youth adored whom cradled once the tall
Straight arrow-reeds, thy course again pursue
While airy minstrels shun thy raindrops' fall

On magic lutes. Here Rantideva slew
In mighty herds the blessed kine that yearned
For Heaven; the blood of sacrifice he drew

Poured in a river that to water turned
And flows still as an image men esteem
On earth of the immortal fame he earned.

|| 46 ||

त्वय्यादातुं जलमवनते शार्ङ्गिणो वर्णचौरे
तस्याः सिन्धोः पृथुमपि तनुं दूरभावात्प्रवाहम् ।
प्रेक्षिष्यन्ते गगनगतयो नूनमावर्ज्य दृष्टी-
रेकं मुक्तागुणमिव भुवः स्थूलमध्येन्द्रनीलम् ॥

tvayyādātuṁ jalamavanate śārṅgiṇo varṇacaure
tasyāḥ sindhoḥ pṛthumapi tanuṁ dūrabhāvātpravāham |
prekṣiṣyante gaganagatayo nūnamāvarjya dṛṣṭīr-
ekaṁ muktāguṇamiva bhuvaḥ sthūlamadhyendranīlam ||

Stoop low to render the enchanted stream
  Thy homage, poising for a reverent drink
Thy huge dark shape above the ripples' gleam;

  As from a height that makes the landscape shrink
Remote the fairy picture is surveyed,
  Sky-wanderers enrapt will surely think

Earth's bosom with a single thread arrayed
  Of shimmering pearls amid whose slender chain
A large and glorious sapphire is displayed.

|| 47 ||

तामुत्तीर्य व्रज परिचितभ्रूलताविभ्रमाणां
पक्ष्मोत्क्षेपादुपरिविलसत्कृष्णशारप्रभाणाम् ।
कुन्दक्षेपानुगमधुकरश्रीमुषामात्मबिम्बं
पात्रीकुर्वन्दशपुरवधूनेत्रकौतूहलानाम् ॥

tāmuttīrya vraja paricitabhrūlatāvibhramāṇāṁ
pakṣmotkṣepāduparivilasatkṛṣṇaśāraprabhāṇām |
kundakṣepānugamadhukaraśrīmuṣāmātmabimbaṁ
pātrīkurvandaśapuravadhūnetrakautūhalānām ||

Continuing thy march, thou wilt sustain
From damsels of luxurious Dashapur
Bewitching looks, whose mingled lustres strain

Past upturned lashes robbing the allure
Of bees on wind-tossed jasmine and with dance
Of supple tendril-brows their spell secure.

|| 48 ||

ब्रह्मावर्तं जनपदमथ च्छायया गाहमानः
क्षेत्रं क्षत्रप्रधनपिशुनं कौरवं तद्भजेथाः ।
राजन्यानां शितशरशतैर्यत्र गाण्डीवधन्वा
धारापातैस्त्वमिव कमलान्यभ्यवर्षन्मुखानि ॥

brahmāvartaṁ janapadamatha cchāyayā gāhamānaḥ
kṣetraṁ kṣatrapradhanapiśunaṁ kauravaṁ tadbhajethāḥ |
rājanyānāṁ śitaśaraśatairyatra gāṇḍīvadhanvā
dhārāpātaistvamiva kamalānyabhyavarṣanmukhāni ||

Yet breaking not thy pilgrimage, advance
Plunging thy shadow into the hushed core
Of holy country, where the dread expanse

Of Kurukshetra with the relics hoar
Of slaughtered heroes teems – there even as thou
Drenchest the blushing flowers did Arjun pour

|| 49 ||

हित्वा हालामभिमतरसां रेवतीलोचनाङ्कां
बन्धुप्रीत्या समरविमुखो लाङ्गली यः सिषेवे ।
कृत्वा तासामभिगममपां सौम्य सारस्वतीना-
मन्तःशुद्धस्त्वमपि भविता वर्णमात्रेण कृष्णः ॥

hitvā hālāmabhimatarasāṁ revatīlocanāṅkāṁ
bandhuprītyā samaravimukho lāṅgalī yāḥ siṣeve |
kṛtvā tāsāmabhigamamapāṁ saumya sārasvatīnām-
antaḥśuddhastvamapi bhavitā varṇamātreṇa kṛṣṇaḥ ||

On kingly faces from his God-given bow
Sharp crowded shafts. Brother of the divine
Dark charioteer, the wielder of the plough

Shrank from that strife of kin: leaving the wine
He cherished and her eyes once mirrored there,
He sought near sacred waters the benign

Ascetic life – waters thou too must share
Of sweet Saraswati; then pure within,
Like him mere robes of blackness wilt thou wear.

|| 50 ||

तस्माद्गच्छेरनुकनखलं शैलराजावतीर्णां
जह्नोः कन्यां सगरतनयस्वर्गसोपानपङ्क्तिम् ।
गौरीवक्त्रभ्रुकुटिरचनां या विहस्येव फेनैः
शम्भोः केशग्रहणमकरोदिन्दुलग्नोर्मिहस्ता ॥

tasmādgaccheranukanakhalaṁ śailarājāvatīrṇāṁ
jahnoḥ kanyāṁ sagaratanayasvargasopānapaṅktim |
gaurīvaktrabhrukuṭiracanāṁ yā vihasyeva phenaiḥ
śambhoḥ keśagrahaṇamakarodindulagnormihastā ||

The Ganges now approach as she between
The hallowed hills Himalay's kingdom leaves:
A stairway to the Heavens, to wash all sin

From hopeless souls she came and Hell receives
Her saviour feet; above the world she plays
In Shiva's locks: as through their maze she weaves

Her wavy hands and on his crest-moon lays
Light fingers, at her rival's furrowed front –
The snow-fair Goddess – white her laughter sprays.

|| 51 ||

तस्याः पातुं सुरगज इव व्योम्नि पश्चार्धलम्बी
त्वं चेदच्छस्फटिकविशदं तर्कयेस्तिर्यगम्भः ।
संसर्पन्त्या सपदि भवतः स्रोतसि च्छाययासौ
स्यादस्थानोपगतयमुनासङ्गमेवाभिरामा ॥

tasyāḥ pātuṁ suragaja iva vyomni paścārdhalambī
tvaṁ cedacchasphaṭikaviśadaṁ tarkayestiryagambhaḥ |
saṁsarpantyā sapadi bhavataḥ srotasi cchāyayāsau
syādasthānopagatayamunāsaṅgamevābhirāmā ||

When thou like a God's elephant shalt slant
Down from the sky to sip her currents clear
As sparkling crystal, then will she enchant –

For angling into her wilt thou appear
Imaged – as if with her dark sister flood,
The Jumna, her far confluence were here.

|| 52 ||

आसीनानां सुरभितशिलं नाभिगन्धैर्मृगाणां
तस्या एव प्रभवमचलं प्राप्य गौरं तुषारैः ।
वक्ष्यस्यध्वश्रमविनयने तस्य शृङ्गे निषण्णः
शोभां शुभ्रां त्रिनयनवृषोत्खातपङ्कोपमेयाम् ॥

āsīnānāṁ surabhitaśilaṁ nābhigandhairmṛgāṇāṁ
tasyā eva prabhavamacalaṁ prāpya gauraṁ tuṣāraiḥ |
vakṣyasyadhvaśramavinayane tasya śṛṅge niṣaṇṇaḥ
śobhāṁ śubhrāṁ trinayanavṛṣotkhātapaṅkopameyām ||

Its cliffs with musk from nimble deer imbued,
The snow-peaked realm of her high birth at last
Rises ahead; on some bright altitude

Repose there till thy weariness has passed,
Matching in beauty the black sportive clay
By Shiva's bull on its hide's splendour cast.

|| 53 ||

तं चेद्वायौ सरति सरलस्कन्धसङ्घट्टजन्मा
बाधेतोल्काक्षपितचमरीबालभारो दवाग्निः ।
अर्हस्येनं शमयितुमलं वारिधारासहस्रै-
रापन्नार्तिप्रशमनफलाः सम्पदो ह्युत्तमानाम् ॥

taṁ cedvāyau sarati saralaskandhasaṅghaṭṭajanmā
bādhetolkākṣapitacamarībālabhāro davāgniḥ |
arhasyenaṁ śamayitumalaṁ vāridhārāsahasrair-
āpannārtipraśamanaphalāḥ sampado hyuttamānām ||

The Mountain's soul should sudden fire dismay
From wind-stirred chafing cedar-branches sprung,
And blazing up spew sparks that sputtering prey

On the yaks' gorgeous tails, discharge among
Those hordes thy deluge: the distressed to aid
Are might and riches given to the strong.

|| 54 ||

ये त्वां मुक्तध्वनिमसहनाः स्वाङ्गभङ्गाय तस्मिन्
दर्पोत्सेकादुपरि शरभा लङ्घयिष्यन्त्यलङ्घ्यम् ।
तान् कुर्वीथास्तुमुलकरकावृष्टिहासावकीर्णान्
के वा न स्युः परिभवपदं निष्फलारम्भयत्नाः ॥

ye tvāṁ muktadhvanimasahanāḥ svāṅgabhaṅgāya tasmin
darpotsekādupari śarabhā laṅghayiṣyantyalaṅghyam |
tān kurvīthāstumulakarakāvṛṣṭihāsāvakīrṇān
ke vā na syuḥ paribhavapadaṁ niṣphalārambhayatnāḥ ||

At thy lion's roar will eight-legged Sharabhs mad
With vain hate leap at thee; as crushed they sprawl
Upon the rocks, to that self-injury add

Derisive pelting hail – for surely all
Deserve contempt that without hope of fruit
Squandering their breath by their own action fall.

|| 55 ||

तत्र व्यक्तं दृषदि चरणन्यासमर्धेन्दुमौलेः
शश्वत्सिद्धैरुपचितबलिं भक्तिनम्रः परीयाः ।
यस्मिन्दृष्टे करणविगमादूर्ध्वमुद्धूतपापाः
कल्पिष्यन्ते स्थिरगणपदप्राप्तये श्रद्दधानाः ॥

tatra vyaktaṁ dṛṣadi caraṇanyāsamardhendumauleḥ
śaśvatsiddhairupacitabaliṁ bhaktinamraḥ parīyāḥ |
yasmindṛṣṭe karaṇavigamādūrdhvamuddhūtapāpāḥ
kalpiṣyante sthiragaṇapadaprāptaye śraddadhānāḥ ||

The stone slab printed with the unseen foot
Of the moon-crested Lord, by saints with rite
Of constant worship served, circling salute:

For souls steadfast in faith it is a sight
Potent at death all evils to unbind
And with his Peace for ever to unite.

|| 56 ||

शब्दायन्ते मधुरमनिलैः कीचकाः पूर्यमाणाः
संसक्ताभिस्त्रिपुरविजयो गीयते किन्नरीभिः ।
निर्ह्रादस्ते ते मुरज इव चेत्कन्दरेषु ध्वनिः स्यात्
सङ्गीतार्थो ननु पशुपतेस्तत्र भावी समग्रः ॥

śabdāyante madhuramanilaiḥ kīcakāḥ pūryamāṇāḥ
saṁsaktābhistripuravijayo gīyate kinnarībhiḥ |
nirhrādaste te muraja iva cetkandareṣu dhvaniḥ syāt
saṅgītārtho nanu paśupatestatra bhāvī samagraḥ ||

Of Tripour slain in lovely dances joined
And linkéd troops the Oreads of the hill
Are singing and inspired with rushing wind

Sweet is the noise of bamboos fluting shrill;
Thou thundering in the mountain-glens with cry
Of drums shouldst the sublime orchestra fill.

|| 57 ||

प्रालेयाद्रेरुपतटमतिक्रम्य तांस्तान् विशेषान्
हंसद्वारं भृगुपतियशोवर्त्म यत्क्रौञ्चरन्ध्रम् ।
तेनोदीचीं दिशमनुसरेस्तिर्यगायामशोभी
श्यामः पादो बलिनियमनाभ्युद्यतस्येव विष्णोः ॥

prāleyādrerupataṭamatikramya tāṁstān viśeṣān
haṁsadvāraṁ bhṛgupatiyaśovartma yatkrauñcarandhram |
tenodīcīṁ diśamanusarestiryagāyāmaśobhī
śyāmaḥ pādo baliniyamanābhyudyatasyeva viṣṇoḥ ||

As snow-capped marvels round thee multiply,
Sweep to the Swan's Gate, Bhrigu's cloven road,
Then north in outstretched grandeur through it fly,

Dark like the cloudy foot of highest God.
When starting from the dwarf-shape world-immense
With Titan-quelling step through heaven he strode.

|| 58 ||

गत्वा चोर्ध्वं दशमुखभुजोच्छ्वासितप्रस्थसन्धेः
कैलासस्य त्रिदशवनितादर्पणस्यातिथिः स्याः ।
शृङ्गोच्छ्रायैः कुमुदविशदैर्यो वितत्य स्थितः खं
राशीभूतः प्रतिदिनमिव त्र्यम्बकस्याट्टहासः ॥

gatvā cordhvaṁ daśamukhabhujocchvāsitaprasthasandheḥ
kailāsasya tridaśavanitādarpaṇasyātithiḥ syāḥ |
śṛṅgocchrāyaiḥ kumudaviśadairyo vitatya sthitaḥ khaṁ
rāśībhūtaḥ pratidinamiva tryambakasyāṭṭahāsaḥ ||

Beyond in crystalline magnificence,
Mirror for nymphs their beauties to admire,
Its joints once cracked by giant violence,

Mounts vast Kailas whose lily peaks aspire,
Like Shiva's boisterous laughter across Time
Upheaped, to occupy the vault entire.

|| 59 ||

उत्पश्यामि त्वयि तटगते स्निग्धभिन्नाञ्जनाभे
सद्यःकृत्तद्विरददशनच्छेदगौरस्य तस्य ।
शोभामद्रेः स्तिमितनयनप्रेक्षणीयां भवत्री-
मंसन्यस्ते सति हलभृतो मेचके वाससीव ॥

utpaśyāmi tvayi taṭagate snigdhabhinnāñjanābhe
sadyaḥkṛttadviradadaśanacchedagaurasya tasya |
śobhāmadreḥ stimitanayanaprekṣaṇīyāṁ bhavitrī-
maṁsanyaste sati halabhṛto mecake vāsasīva ||

Like women's new-crushed kohl thy lustre, climb
A hospitable ridge resplendent-white
As fresh-carved ivory: the scene sublime

Will from unblinking eyes rapt looks invite,
Recalling the Plough-wielder when he spread
Black raiment on his shoulder's lucent might.

|| 60 ||

हित्वा तस्मिन्भुजगवलयं शम्भुना दत्तहस्ता
क्रीडाशैले यदि च विचरेत्पादचारेण गौरी ।
भङ्गीभक्त्या विरचितवपुः स्तम्भितान्तर्जलौघः
सोपानत्वं कुरु मणितटारोहणायाग्रयायी ॥

hitvā tasminbhujagavalayaṁ śambhunā dattahastā
krīḍāśaile yadi ca vicaretpādacāreṇa gaurī |
bhaṅgībhaktyā viracitavapuḥ stambhitāntarjalaughaḥ
sopānatvaṁ kuru maṇitaṭārohaṇāyāgrayāyī ||

Baring his wrist, its serpent-bracelet shed,
Should Shiva the World-Mother's hand support
While gracefully their pleasure-hill they tread,

On the gem-studded slopes that walk escort
Moulding thyself to steps, a staircase smooth
To kiss the Goddess' feet in her fair sport.

|| 61 ||

तत्रावश्यं वलयकुलिशोद्घट्टनोद्गीर्णतोयं
नेष्यन्ति त्वां सुरयुवतयो यन्त्रधारागृहत्वम् ।
ताभ्यो मोक्षस्तव यदि सखे घर्मलब्धस्य न स्यात्
क्रीडालोलाः श्रवणपरुषैर्गर्जितैर्भाययेस्ताः ॥

tatrāvaśyaṁ valayakuliśodghaṭṭanodgīrṇatoyaṁ
neṣyanti tvāṁ surayuvatayo yantradhārāgṛhatvam |
tābhyo mokṣastava yadi sakhe gharmalabdhasya na syāt
krīḍālolāḥ śravaṇaparuṣairgarjitairbhāyayestāḥ ||

Thee will the nymphs in their voluptuous youth
To a shower-chamber merrily convert
As in the summer heat their limbs to soothe

Their jewelled bracelets prick thee and make spurt
Delicious jets – should they not let thee loose,
Fail not thy fearful thunders to assert.

|| 62 ||

हेमाम्भोजप्रसवि सलिलं मानसस्याददानः
कुर्वन्कामं क्षणमुखपटप्रीतिमैरावतस्य ।
धुन्वन्कल्पद्रुमकिसलयान्यंशुकानीव वातै-
र्नानाचेष्टैर्जलद ललितैर्निर्विशेस्तं नगेन्द्रम् ॥

hemāmbhojaprasavi salilaṁ mānasasyādadānaḥ
kurvankāmaṁ kṣaṇamukhapaṭaprītimairāvatasya |
dhunvankalpadrumakisalayānyaṁśukānīva vātair-
nānāceṣṭairjalada lalitairnirviśestaṁ nagendram ||

Savouring Lake Manas' waters which produce
The golden lotus, granting awhile, to please
The Sky-God's elephant, thyself for use

As a choice head-cloth, with fine drops the breeze
Dappling that stirs the magic tree's rich yield
Of raiment, on the mountain take thy ease.

|| 63 ||

तस्योत्सङ्गे प्रणयिन इव स्रस्तगङ्गादुकूलां
न त्वं दृष्ट्वा न पुनरलकां ज्ञास्यसे कामचारिन् ।
या वः काले वहति सलिलोद्गारमुच्चैर्विमाना
मुक्ताजालग्रथितमलकं कामिनीवाभ्रवृन्दम् ॥

tasyotsaṅge praṇayina iva srastagaṅgādukūlāṁ
na tvaṁ dṛṣṭvā na punaralakāṁ jñāsyase kāmacārin |
yā vaḥ kāle vahati salilodgāramuccairvimānā
muktājālagrathitamalakaṁ kāminīvābhravṛndam ||

Sunk in his lap, her Ganges-garment spilled
Beside her, a sight not to be effaced
From the heart's vision once with it fulfilled,

Rests Alaka, whose marble brow is graced
Each year with clouds that draped in rain appear
Like a girl's hair with strings of pearls enlaced.

|| 64 ||

विद्युत्वन्तं ललितवनिताः सेन्द्रचापं सचित्राः
सङ्गीताय प्रहतमुरजाः स्निग्धगम्भीरघोषम् ।
अन्तस्तोयं मणिमयभुवस्तुङ्गमभ्रंलिहाग्राः
प्रासादास्त्वां तुलयितुमलं यत्र तैस्तैर्विशेषैः ॥

vidyutvantaṁ lalitavanitāḥ sendracāpaṁ sacitrāḥ
saṅgītāya prahatamurajāḥ snigdhagambhīraghoṣam |
antastoyaṁ maṇimayabhuvastuṅgamabhraṁlihāgrāḥ
prāsādāstvāṁ tulayitumalaṁ yatra taistairviśeṣaiḥ ||

Her mansions wondrously with thee compare
For many riches: women lightning-bright
In loveliness, great murals no less fair

Than Indra's bow, the thunderous drums at night
Rumbling in concert, courts that sapphire-paved
Like water shine and towers that touch thy height.

|| 65 ||

हस्ते लीलाकमलमलके बालकुन्दानुविद्धं
नीता लोध्रप्रसवरजसा पाण्डुतामानने श्रीः ।
चूडापाशे नवकुरबकं चारु कर्णे शिरीषं
सीमन्ते च त्वदुपगमजं यत्र नीपं वधूनाम् ॥

haste līlākamalamalake bālakundānuviddhaṁ
nītā lodhraprasavarajasā pāṇḍutāmānane śrīḥ |
cūḍāpāśe navakurabakaṁ cāru karṇe śirīṣaṁ
sīmante ca tvadupagamajaṁ yatra nīpaṁ vadhūnām ||

There all year long is Autumn's lotus waved
In dainty fingers while to tresses cling
Fresh Winter jasmines and cheeks pollen-laved

Wear Dew-time's gold; red amaranth of Spring
For braids and Summer's soft ear-blooms abound
With flowers the Rains for the hair's parting bring.

|| 66 ||

यत्रोन्मत्तभ्रमरमुखराः पादपा नित्यपुष्पा
हंसश्रेणीरचितरशना नित्यपद्मा नलिन्यः ।
केकोत्कण्ठा भवनशिखिनो नित्यभास्वत्कलापा
नित्यज्योत्स्नाः प्रतिहततमोवृत्तिरम्याः प्रदोषाः ॥

yatronmattabhramaramukharāḥ pādapā nityapuṣpā
haṁsaśreṇīracitaraśanā nityapadmā nalinyaḥ |
kekotkaṇṭhā bhavanaśikhino nityabhāsvatkalāpā
nityajyotsnāḥ pratihatatamovṛttiramyāḥ pradoṣāḥ ||

For death and birth keep not their mystic round
In Alaka; there from the deathless trees
The blossom lapses never to the ground

But lives for ever garrulous with bees
All honey-drunk – nor yet its sweets resign.
For ever in their girdling companies

The swans round lilies sail that never pine;
There peacocks never lose their glorious trains
And nights glow ever with a moon divine.

|| 67 ||

आनन्दोत्थं नयनसलिलं यत्र नान्यैर्निमित्तै-
र्नान्यस्तापः कुसुमशरजादिष्टसंयोगसाध्यात् ।
नाप्यन्यस्मात्प्रणयकलहाद्विप्रयोगोपपत्ति-
र्वित्तेशानां न च खलु वयो यौवनादन्यदस्ति ॥

ānandottham̐ nayanasalilam̐ yatra nānyairnimittair-
nānyastāpaḥ kusumaśarajādiṣṭasam̐yogasādhyāt |
nāpyanyasmātpraṇayakalahādviprayogopapattir-
vitteśānām̐ na ca khalu vayo yauvanādanyadasti ||

No tears but those of joy the eye sustains
In Alaka; there passion's jealous rage
Alone invites division's fleeting pains

Which soon transform to bliss; for where no age
But youth is known and heavenly privilege frees
From other pangs, love's torment to assuage

|| 68 ||

यस्यां यक्षाः सितमणिमयान्येत्य हर्म्यस्थलानि
ज्योतिश्छायाकुसुमरचितान्युत्तमस्त्रीसहायाः ।
आसेवन्ते मधु रतिफलं कल्पवृक्षप्रसूतं
त्वद्गम्भीरध्वनिषु शनकैः पुष्करेष्वाहतेषु ॥

yasyāṁ yakṣāḥ sitamaṇimayānyetya harmyasthalāni
jyotiśchāyākusumaracitānyuttamastrīsahāyāḥ |
āsevante madhu ratiphalaṁ kalpavṛkṣaprasūtaṁ
tvadgambhīradhvaniṣu śanakaiḥ puṣkareṣvāhateṣu ||

Needs merely love's own potent remedies.
The Yakshas there, whom all sense-joys attend,
The masters of exhaustless treasuries,

At evening with their peerless mates ascend
To terraces whose crystal faces shine
With inlaid flowers the stars reflected lend;

The Wishing Tree's celestial love-wine
They taste in that superb companionship,
While drums throb low with murmurous tones like thine.

|| 69 ||

नीवीबन्धोच्छ्वसितशिथिलं यत्र बिम्बाधराणां
क्षौमं रागादनिभृतकरेष्वाक्षिपत्सु प्रियेषु ।
अर्चिस्तुङ्गानभिमुखमपि प्राप्य रत्नप्रदीपान्
ह्रीमूढानां भवति विफलप्रेरणा चूर्णमुष्टिः ॥

nīvībandhocchvasitaśithilaṁ yatra bimbādharāṇāṁ
kṣaumaṁ rāgādanibhṛtakareṣvākṣipatsu priyeṣu |
arcistuṅgānabhimukhamapi prāpya ratnapradīpān
hrīmūḍhānāṁ bhavati viphalapreraṇā cūrṇamuṣṭiḥ ||

At midnight in the chamber, when to strip
Her loosened robe emboldened hands conspire,
The Yaksha lady – her plump scarlet lip

Trembling with shame – at the lamp's brazen fire
Flings desperate fists of powder but in vain,
For the jewel's blazing light will not expire.

|| 70 ||

यत्र स्त्रीणां प्रियतमभुजोच्छ्वासितालिङ्गिताना-
मङ्गग्लानिं सुरतजनितां तन्तुजालावलम्बाः ।
त्वत्संरोधापगमविशदैश्चन्द्रपादैर्निशीथे
व्यालुम्पन्ति स्फुटजललवस्यन्दिनश्चन्द्रकान्ताः ॥

yatra strīṇāṁ priyatamabhujocchvāsitāliṅgitānām
aṅgaglāniṁ suratajanitāṁ tantujālāvalambāḥ |
tvatsaṁrodhāpagamaviśadaiścandrapādairniśīthe
vyālumpanti sphuṭajalalavasyandinaścandrakāntāḥ ||

Worn with the violence of rapture's strain
On weak limbs, women there from passion's hold
Delivered for their languid bodies gain

Instant refreshment at the fall of cold
Clear drops the moonstones overhead discharge
When nectarous beams cloud-loosed the world enfold.

|| 71 ||

नेत्रा नीताः सततगतिना यद्विमानाग्रभूमी-
रालेख्यानां सलिलकणिकादोषमुत्पाद्य सद्यः ।
शङ्कास्पृष्टा इव जलमुचस्त्वादृशा जालमार्गै-
र्धूमोद्गारानुकृतिनिपुणा जर्जरा निष्पतन्ति ॥

netrā nītāḥ satatagatinā yadvimānāgrabhūmīr-
ālekhyānāṁ salilakaṇikādoṣamutpādya sadyaḥ |
śaṅkāspṛṣṭā iva jalamucastvādṛśā jālamārgair-
dhūmodgārānukṛtinipuṇā jarjarā niṣpatanti ||

There thy high kinsmen, to a wanton urge
Yielding and by the lawless wind conveyed
To frescoed upper halls, are known to surge

Forth through the lattices in guise arrayed
Of votive incense, fleeing so the stain
To virgin paintings with their droplets sprayed.

|| 72 ||

मत्वा देवं धनपतिसखं यत्र साक्षाद्वसन्तं
प्रायश्चापं न वहति भयान्मन्मथः षट्पदज्यम् ।
सभ्रूभङ्गप्रहितनयनैः कामिलक्ष्येष्वमोघै-
स्तस्यारम्भश्चतुरवनिताविभ्रमैरेव सिद्धः ॥

matvā devaṁ dhanapatisakhaṁ yatra sākṣādvasantaṁ
prāyaścāpaṁ na vahati bhayānmanmathaḥ ṣaṭpadajyam |
sabhrūbhaṅgaprahitanayanaiḥ kāmilakṣyeṣvamoghais-
tasyārambhaścaturavanitāvibhramaireva siddhaḥ ||

Seeing as radiant guest of that domain
His arch-foe from whose forehead-eye once shot
Fire all-consuming, prudent fears constrain

The God of Love; his bow discarded taut
With resonant string of bees, his archer craft
Finds yet full scope: for there his works are wrought

Infallibly by each love-missioned shaft
Loosed with a toss of brows from maiden eyes
To pierce a chosen heart with flame flower-soft.

|| 73 ||

तत्रागारं धनपतिगृहानुत्तरेणास्मदीयं
दूराल्लक्ष्यं सुरपतिधनुश्चारुणा तोरणेन ।
यस्योपान्ते कृतकतनयः कान्तया वर्धितो मे
हस्तप्राप्यस्तबकनमितो बालमन्दारवृक्षः ॥

tatrāgāraṁ dhanapatigṛhānuttareṇāsmadīyaṁ
dūrāllakṣyaṁ surapatidhanuścāruṇā toraṇena |
yasyopānte kṛtakatanayaḥ kāntayā vardhito me
hastaprāpyastabakanamito bālamandāravṛkṣaḥ ||

There, northward of our sovereign's palace lies
My home and hers thou seekst: our fair estate
Afar will greet thee with its gate that vies

With Indra's dazzling bow; anticipate
In those precincts a coral tree that climbs
Quickly toward heaven, though my beloved mate

Still tends it as our child and to its limbs
With blossoms bowed her small hands yet extend.
A pond – our favourite haunt in happier times –

|| 74 ||

वापी चास्मिन् मरकतशिलाबद्धसोपानमार्गा
हैमैश्छन्ना विकचकमलैः स्निग्धवैदूर्यनालैः ।
यस्यास्तोये कृतवसतयो मानसं सन्निकृष्टं
नाध्यास्यन्ति व्यपगतशुचस्त्वामपि प्रेक्ष्य हंसाः ॥

vāpī cāsmin marakataśilābaddhasopānamārgā
haimaiśchannā vikacakamalaiḥ snigdhavaidūryanālaiḥ |
yasyāstoye kṛtavasatayo mānasaṁ sannikṛṣṭaṁ
nādhyāsyanti vyapagataśucastvāmapi prekṣya haṁsāḥ ||

Behold, into whose limpid depths descend
Great emerald stairs: there between lotus buds
Of gold on stalks of glistening beryl wend

Blithe swans their graceful way, nor now intrudes
Thought of the lake toward which their brothers wing,
Though beckoning above thy figure broods.

|| 75 ||

तस्यास्तीरे रचितशिखरः पेशलैरिन्द्रनीलैः
क्रीडाशैलः कनककदलीवेष्टनप्रेक्षणीयः ।
मद्गेहिन्याः प्रिय इति सखे चेतसा कातरेण
प्रेक्ष्योपान्तस्फुरिततडितं त्वां तमेव स्मरामि ॥

tasyāstīre racitaśikharaḥ peśalairindranīlaiḥ
krīḍāśailaḥ kanakakadalīveṣṭanaprekṣaṇīyaḥ |
madgehinyāḥ priya iti sakhe cetasā kātareṇa
prekṣyopāntasphuritataḍitaṁ tvāṁ tameva smarāmi ||

Beside those waters, a resplendent ring
Of gold-leafed plantains circles a low hill
With sapphire slopes: in vision lingering

On thee with lightnings girt, my senses fill
With troubled joy as if that hill which knows
My wife's affection stood before me still.

|| 76 ||

रक्ताशोकश्चलकिसलयः केसरश्चात्र कान्तः
प्रत्यासन्नौ कुरबकवृतेर्माधवीमण्डपस्य ।
एकः सख्यास्तव सह मया वामपादाभिलाषी
काङ्क्षत्यन्यो वदनमदिरां दोहदच्छद्मनास्याः ॥

raktāśokaścalakisalayaḥ kesaraścātra kāntaḥ
pratyāsannau kurabakavṛtermādhavīmaṇḍapasya |
ekaḥ sakhyāstava saha mayā vāmapādābhilāṣī
kāṅkṣatyanyo vadanamadirāṁ dohadacchadmanāsyāḥ ||

Not far away, a red Ashoka grows
Restless with unborn flowers; nearby aspires
An ardent Bakul where tall shrubs enclose

A lush Spring-creeper bower: one tree desires
The touch of my love's foot; to yield its all,
Its comrade liquor from her lips requires.

|| 77 ||

तन्मध्ये च स्फटिकफलका काञ्चनी वासयष्टि-
र्मूले बद्धा मणिभिरनतिप्रौढवंशप्रकाशैः ।
तालैः शिञ्जावलयसुभगैर्नर्तितः कान्तया मे
यामध्यास्ते दिवसविगमे नीलकण्ठः सुहृद्वः ॥

tanmadhye ca sphaṭikaphalakā kāñcanī vāsayaṣṭir-
mūle baddhā maṇibhiranatipraudhavaṁśaprakāśaiḥ |
tālaiḥ śiñjāvalayasubhagairnartitaḥ kāntayā me
yāmadhyāste divasavigame nīlakaṇṭhaḥ suhṛdvaḥ ||

Between those two, on a rich pedestal
Of jade a column of pure gold supports
A crystal slab: a peacock, amical

To clouds like thee, that with its mistress sports
Dancing to clap of palms and bracelet-choir,
At day's departure to that perch resorts.

|| 78 ||

एभिः साधो हृदयनिहितैर्लक्षणैर्लक्षयेथा
द्वारोपान्ते लिखितवपुषौ शङ्खपद्मौ च दृष्ट्वा ।
क्षामच्छायं भवनमधुना मद्वियोगेन नूनं
सूर्यापाये न खलु कमलं पुष्यति स्वामभिख्याम् ॥

ebhiḥ sādho hṛdayanihitairlakṣaṇairlakṣayethā
dvāropānte likhitavapuṣau śaṅkhapadmau ca dṛṣṭvā |
kṣāmacchāyaṁ bhavanamadhunā madviyogena nūnaṁ
sūryāpāye na khalu kamalaṁ puṣyati svāmabhikhyām ||

Known by these signs, discover and admire
My prosperous home, and near its door at last
Two painted emblems see, regarding nigher:

The conch and lotus; yet since I have passed –
Its sun – from heaven the house cannot display,
A folded flower, the lustre it once cast.

|| 79 ||

गत्वा सद्यः कलभतनुतां शीघ्रसम्पातहेतोः
क्रीडाशैले प्रथमकथिते रम्यसानौ निषण्णः ।
अर्हस्यन्तर्भवनपतितां कर्तुमल्पाल्पभासं
खद्योतालीविलसितनिभां विद्युदुन्मेषदृष्टिम् ॥

gatvā sadyaḥ kalabhatanutāṁ śīghrasampātahetoḥ
krīḍāśaile prathamakathite ramyasānau niṣaṇṇaḥ |
arhasyantarbhavanapatitāṁ kartumalpālpabhāsaṁ
khadyotālīvilasitanibhāṁ vidyudunmeṣadṛṣṭim ||

For swift descent assume without delay
An elephant cub's bulk, then downward sweep
To that fair hill I told thee of today:

There settled, throw thine eye of lightning deep
Into the house – but gentle as might gleam
A flickering line of fireflies seen in sleep.

|| 80 ||

तन्वी श्यामा शिखरिदशना पक्वबिम्बाधरोष्ठी
मध्ये क्षामा चकितहरिणीप्रेक्षणा निम्ननाभिः ।
श्रोणीभारादलसगमना स्तोकनम्रा स्तनाभ्यां
या तत्र स्याद्युवतिविषये सृष्टिराद्येव धातुः ॥

tanvī śyāmā śikharidaśanā pakvabimbādharoṣṭhī
madhye kṣāmā cakitahariṇīprekṣaṇā nimnanābhiḥ |
śroṇībhārādalasagamanā stokanamrā stanābhyāṁ
yā tatra syādyuvativiṣaye sṛṣṭirādyeva dhātuḥ ||

A slender maid – the Maker's work supreme
Of womanhood – with tapered teeth and lips
Luscious like Bimba fruits, large eyes that seem

A timid doe's and fragile waist that dips
Deep at the navel, slightly stooped with load
Of breasts and hampered by her heavy hips,

|| 81 ||

तां जानीथाः परिमितकथां जीवितं मे द्वितीयं
दूरीभूते मयि सहचरे चक्रवाकीमिवैकाम् ।
गाढोत्कण्ठागुरुषु दिवसेष्वेषु गच्छत्सु बालां
जातां मन्ये शिशिरमथितां पद्मिनीं वाऽन्यरूपाम् ॥

tāṁ jānīthāḥ parimitakathāṁ jīvitaṁ me dvitīyaṁ
dūrībhūte mayi sahacare cakravākīmivaikām |
gāḍhotkaṇṭhāguruṣu divaseṣveṣu gacchatsu bālāṁ
jātāṁ manye śiśiramathitāṁ padminīṁ vā'nyarūpām ||

Find silent in the heart of that abode,
Sole like a widowed bird when all the nests
Are making, her whose life on me bestowed

Is as my own: but surely now attests
Her form the longing weight of mournful days,
A lotus where the blighting hoar-frost rests.

|| 82 ||

नूनं तस्याः प्रबलरुदितोच्छूननेत्रं प्रियाया
निःश्वासानामशिशिरतया भिन्नवर्णाधरोष्ठम्।
हस्तन्यस्तं मुखमसकलव्यक्ति लम्बालकत्वा-
दिन्दोर्दैन्यं त्वदनुसरणक्लिष्टकान्तेर्बिभर्ति ॥

nūnaṁ tasyāḥ prabalaruditocchūnanetraṁ priyāyā
niḥśvāsānāmaśiśiratayā bhinnavarṇādharoṣṭham |
hastanyastaṁ mukhamasakalavyakti lambālakatvā-
dindordainyaṁ tvadanusaraṇakliṣṭakānterbibharti ||

Eyes swollen and cheeks marked with the harsh trace
Of ceaseless tears, lips of their scarlet shorn
By heat of poignant sighs, my mistress' face

Sunk on one hand, obscured by tresses worn
Unkempt, like the moon's lucent orb by thee
Assailed must bear a loveliness forlorn.

|| 83 ||

आलोके ते निपतति पुरा सा बलिव्याकुला वा
मत्सादृश्यं विरहतनु वा भावगम्यं लिखन्ती ।
पृच्छन्ती वा मधुरवचनां सारिकां पञ्जरस्थां
कच्चिद्भर्तुः स्मरसि रसिके त्वं हि तस्य प्रियेति ॥

āloke te nipatati purā sā balivyākulā vā
matsādṛśyaṁ virahatanu vā bhāvagamyaṁ likhantī |
pṛcchantī vā madhuravacanāṁ sārikāṁ pañjarasthāṁ
kaccidbhartuḥ smarasi rasike tvaṁ hi tasya priyeti ||

Absorbed in rites of prayer and offering she
May meet thy gaze; or sketching from her heart
A pining shape, her image true of me;

Or asking the caged mynah, in the art
Of speech adept, 'Our lord, my clever one,
Recallest thou? For dear to him thou art.'

|| 84 ||

उत्सङ्गे वा मलिनवसने सौम्य निक्षिप्य वीणां
मद्गोत्राङ्कं विरचितपदं गेयमुद्गातुकामा ।
तन्त्रीमार्द्रां नयनसलिलैः सारयित्वा कथञ्चिद्
भूयो भूयः स्वयमपि कृतां मूर्च्छनां विस्मरन्ती ॥

utsaṅge vā malinavasane saumya nikṣipya vīṇāṁ
madgotrāṅkaṁ viracitapadaṁ geyamudgātukāmā |
tantrīmārdrāṁ nayanasalilaiḥ sārayitvā kathañcid
bhūyo bhūyaḥ svayamapi kṛtāṁ mūrcchanāṁ vismarantī ||

Or find her there, my friend, on her lap's dun
And crumpled garment as she lays the lute
To sing a plaintive song her mind has spun

Around my name: the tear-damp strings to put
In tune she manages, but at each step
The air eludes her memory's pursuit.

|| 85 ||

शेषान्मासान्विरहदिवसस्थापितस्यावधेर्वा
विन्यस्यन्ती भुवि गणनया देहलीदत्तपुष्पैः ।
संभोगं वा हृदयनिहितारम्भमास्वादयन्ती
प्रायेणैते रमणविरहेष्वङ्गनानां विनोदाः ॥

śeṣānmāsānvirahadivasasthāpitasyāvadhervā
vinyasyantī bhuvi gaṇanayā dehalīdattapuṣpaiḥ |
sambhogaṁ vā hṛdayanihitārambhamāsvādayantī
prāyeṇaite ramaṇaviraheṣvaṅganānāṁ vinodāḥ ||

Or counting one by one the moons that keep
Us sundered still, with flowers she idly strews
The threshold, each long month a fiery heap;

Or catch her tasting in her bosom's muse
The joys of my return: in every age
And clime do lonely wives such pastimes use.

|| 86 ||

सव्यापारामहनि न तथा पीडयेद्विप्रयोगः
शङ्के रात्रौ गुरुतरशुचं निर्विनोदां सखीं ते ।
मत्सन्देशैः सुखयितुमलं पश्य साध्वीं निशीथे
तामुन्निद्रामवनिशयनां सौधवातायनस्थः ॥

savyāpārāmahani na tathā pīḍayedviprayogaḥ
śaṅke rātrau gurutaraśucaṁ nirvinodāṁ sakhīṁ te |
matsandeśaiḥ sukhayitumalaṁ paśya sādhvīṁ niśīthe
tāmunnidrāmavaniśayanāṁ saudhavātāyanasthaḥ ||

By day there are diversions to assuage
Her solitude, but in the empty night
I fear how hot her sorrow's flames may rage:

To cheer her with my words therefore alight
At midnight, perching in the window's eye
Where sleepless on the floor she greets thy sight.

|| 87 ||

आधिक्षामां विरहशयने संनिषण्णैकपार्श्वां
प्राचीमूले तनुमिव कलामात्रशेषां हिमांशोः ।
नीता रात्रिः क्षण इव मया सार्धमिच्छारतैर्या
तामेवोष्णैर्विरहमहतीमश्रुभिर्यापयन्तीम् ॥

ādhikṣāmāṁ virahaśayane sanniṣaṇṇaikapārśvāṁ
prācīmūle tanumiva kalāmātraśeṣāṁ himāṁśoḥ |
nītā rātriḥ kṣaṇa iva mayā sārdhamicchāratairyā
tāmevoṣṇairvirahamahatīmaśrubhiryāpayantīm ||

Her frame on one arm propped will testify
The ache within, worn meagre like the moon
Lighting the dim edge of the eastern sky

A last time; now the night which all too soon
Would pass in ardent sports is sighed away
In burning tears, of grief an ocean grown.

|| 88 ||

आद्ये बद्धा विरहदिवसे या शिखा दाम हित्वा
शापस्यान्ते विगलितशुचा तां मयोद्वेष्टनीयाम् ।
स्पर्शक्लिष्टामयमितनखेनासकृत्सारयन्तीं
गण्डाभोगात्कठिनविषमामेकवेणीं करेण ॥

ādye baddhā virahadivase yā śikhā dāma hitvā
śāpasyānte vigalitaśucā tāṁ mayodveṣṭanīyām |
sparśakliṣṭāmayamitanakhenāsakṛtsārayantīṁ
gaṇḍābhogātkaṭhinaviṣamāmekaveṇīṁ kareṇa ||

Her single braid which, bound the fateful day
We parted, at the dismal curse's end
My hands shall loosen, which no flowers array

And whose stiff, rugged strands the touch offend,
She brushes often from her gentle face
With fingers beauty's arts no longer tend.

|| 89 ||

निःश्वासेनाधरकिसलयक्लेशिना विक्षिपन्तीं
शुद्धस्नानात्परुषमलकं नूनमागण्डलम्बम् ।
मत्संयोगः कथमुपनमेत्स्वप्नजोऽपीति निद्रा-
माकाङ्क्षन्तीं नयनसलिलोत्पीडरुद्धावकाशाम् ॥

niḥśvāsenādharakisalayakleśinā vikṣipantīṁ
śuddhasnānātparuṣamalakaṁ nūnamāgaṇḍalambam |
matsamyogaḥ kathamupanametsvapnajo'pīti nidrām-
ākāṅkṣantīṁ nayanasalilotpīḍaruddhāvakāśām ||

Breast-heaving sighs that parch her bud-lip chase
Across her cheek the locks that dangle there,
Rough with plain washing, as for my embrace

Yearning, though but in dream, she seeks the care
Of sleep; yet in the orbs where sleep should rule,
No seat her misery's thronging droplets spare.

|| 90 ||

पादानिन्दोरमृतशिशिराञ्जालमार्गप्रविष्टान्
पूर्वप्रीत्या गतमभिमुखं संनिवृत्तं तथैव ।
चक्षुः खेदात्सलिलगुरुभिः पक्ष्मभिश्छादयन्तीं
साभ्रेऽह्नीव स्थलकमलिनीं नप्रबुद्धां नसुप्ताम् ॥

pādānindoramṛtaśiśirāñjālamārgapraviṣṭān
pūrvaprītyā gatamabhimukhaṁ sannivṛttaṁ tathaiva |
cakṣuḥ khedātsalilagurubhiḥ pakṣmabhiśchādayantīṁ
sābhre'hnīva sthalakamalinīṁ naprabuddhāṁ nasuptām ||

The moonbeams gliding through the lattice, cool
And nectarous, allure her eyes to stray
Toward old delight; but inconsolable,

With lashes where unhappy waters weigh
She shields them now, half-shut like lotuses
That wake nor slumber on a drizzly day.

|| 91 ||

सा संन्यस्ताभरणमबला पेशलं धारयन्ती
शय्योत्सङ्गे निहितमसकृद्दुःखदुःखेन गात्रम् ।
त्वामप्यस्रं नवजलमयं मोचयिष्यत्यवश्यं
प्रायः सर्वो भवति करुणावृत्तिरार्द्रान्तरात्मा ॥

sā sannyastābharaṇamabalā peśalaṁ dhārayantī
śayyotsaṅge nihitamasakṛdduḥkhaduḥkhena gātram |
tvāmapyasraṁ navajalamayaṁ mocayiṣyatyavaśyaṁ
prāyaḥ sarvo bhavati karuṇāvṛttirārdrāntarātmā ||

Sprawled on the bed, forlorn and comfortless,
Perhaps she struggles even to sustain
Her fragile limbs; the sight of her distress

Assuredly will move to tears of rain
Thy sympathetic heart – the moist of soul
Are always touched by seeing others' pain.

|| 92 ||

जाने सख्यास्तव मयि मनः सम्भृतस्नेहमस्मा-
दित्थम्भूतां प्रथमविरहे तामहं तर्कयामि ।
वाचालं मां न खलु सुभगम्मन्यभावः करोति
प्रत्यक्षं ते निखिलमचिराद्भ्रातरुक्तं मया यत् ॥

jāne sakhyāstava mayi manaḥ sambhṛtasnehamasmād-
itthambhūtāṁ prathamavirahe tāmahaṁ tarkayāmi |
vācālaṁ māṁ na khalu subhagammanyabhāvaḥ karoti
pratyakṣaṁ te nikhilamacirādbhrātaruktaṁ mayā yat ||

I know her mind's affection given whole
To me, her lord, whence justly I infer
The piteous state thy message must console;

No vanity has made my fancy err
Or tongue to prate: what shortly thou wilt see
With all my words, O brother, shall concur.

|| 93 ||

रुद्धापाङ्गप्रसरमलकैरञ्जनस्नेहशून्यं
प्रत्यादेशादपि च मधुनो विस्मृतभ्रूविलासम् ।
त्वय्यासन्ने नयनमुपरिस्पन्दि शङ्के मृगाक्ष्या
मीनक्षोभाच्चलकुवलयश्रीतुलामेष्यतीति ॥

ruddhāpāṅgaprasaramalakairañjanasnehaśūnyaṁ
pratyādeśādapi ca madhuno vismṛtabhrūvilāsam |
tvayyāsanne nayanamuparispandi śaṅke mṛgākṣyā
mīnakṣobhāccalakuvalayaśrītulāmeṣyatīti ||

Though baffled of its sidelong liberty
By rude locks, of the lids' dark glossy dye
Bereft, and the brows' wine-taught coquetry

Forgotten, at thy fair approach her eye,
Trembling, in beauty vigorous and fresh
With lilies stirred by unseen fish will vie.

|| 94 ||

वामश्चास्याः कररुहपदैर्मुच्यमानो मदीयै-
र्मुक्ताजालं चिरपरिचितं त्याजितो दैवगत्या ।
संभोगान्ते मम समुचितो हस्तसंवाहनानां
यास्यत्यूरुः सरसकदलीस्तम्भगौरश्चलत्वम् ॥

vāmaścāsyāḥ kararuhapadairmucyamāno madīyair-
muktājālaṁ ciraparicitaṁ tyājito daivagatyā |
sambhogānte mama samucito hastasaṁvāhanānāṁ
yāsyatyūruḥ sarasakadalīstambhagauraścalatvam ||

The prints my keen nails carved in its smooth flesh
Vanished, and in the adverse course of fate
Robbed of its long-familiar soothing mesh

Of pearls, her pale thigh too will intimate
Her good with tremors such as at the end
Of rapture my firm hands would dissipate.

|| 95 ||

तस्मिन्काले जलद यदि सा लब्धनिद्रासुखा स्या-
दन्वास्यैनां स्तनितविमुखो याममात्रं सहस्व ।
मा भूदस्याः प्रणयिनि मयि स्वप्नलब्धे कथञ्चित्
सद्यःकण्ठच्युतभुजलताग्रन्थि गाढोपगूढम् ॥

tasminkāle jalada yadi sā labdhanidrāsukhā syād-
anvāsyaināṁ stanitavimukho yāmamātraṁ sahasva |
mā bhūdasyāḥ praṇayini mayi svapnalabdhe kathañcit
sadyaḥkaṇṭhacyutabhujalatāgranthi gāḍhopagūḍham ||

But should she have received the solace, friend,
Of healing sleep, not rousing yet the air,
A hushed watch of the night on her attend;

Lest when in dream is won the union rare
She seeks, her clasp as of a vine that clings
To its strong tree thou shouldst abruptly tear.

|| 96 ||

तामुत्थाप्य स्वजलकणिकाशीतलेनानिलेन
प्रत्याश्वस्तां सममभिनवैर्जालकैर्मालतीनाम् ।
विद्युद्गर्भः स्तिमितनयनां त्वत्सनाथे गवाक्षे
वक्तुं धीरस्तनितवचनैर्मानिनीं प्रक्रमेथाः ॥

tāmutthāpya svajalakaṇikāśītalenānilena
pratyāśvastāṁ samamabhinavairjālakairmālatīnām |
vidyudgarbhaḥ stimitanayanāṁ tvatsanāthe gavākṣe
vaktuṁ dhīrastanitavacanairmāninīṁ prakramethāḥ ||

Chill now the breeze with droplet-scatterings
To wake the lady with her dainty kin,
The white buds of the jasmine; as she brings

Her widened eyes to rest on thee within
The window, holding back thy lightning's leap,
In mildest thunder-tones thy speech begin:

|| 97 ||

भर्तुर्मित्रं प्रियमविधवे विद्धि मामम्बुवाहं
तत्सन्देशैर्हृदयनिहितैरागतं त्वत्समीपम् ।
यो वृन्दानि त्वरयति पथि श्राम्यतां प्रोषितानां
मन्द्रस्निग्धैर्ध्वनिभिरबलावेणिमोक्षोत्सुकानि ॥

bharturmitraṁ priyamavidhave viddhi māmambuvāhaṁ
tatsandeśairhṛdayanihitairāgataṁ tvatsamīpam |
yo vṛndāni tvarayati pathi śrāmyatāṁ proṣitānāṁ
mandrasnigdhairdhvanibhirabalāveṇimokṣotsukāni ||

'Thy husband's friend – no widow thou to weep –
Know me, a cloud who come across the lands
With words which treasured in my heart I keep,

I who with mellow rumblings urge the bands
Of weary travellers on their way who long
To loosen their wives' braids with happy hands.'

|| 98 ||

इत्याख्याते पवनतनयं मैथिलीवोन्मुखी सा
त्वामुत्कण्ठोच्छ्वसितहृदया वीक्ष्य सम्भाव्य चैव ।
श्रोष्यत्यस्मात्परमवहिता सौम्य सीमन्तिनीनां
कान्तोदन्तः सुहृदुपनतः सङ्गमात्किञ्चिदूनः ॥

ityākhyāte pavanatanayaṁ maithilīvonmukhī sā
tvāmutkaṇṭhocchvasitahṛdayā vīkṣya sambhāvya caiva |
śroṣyatyasmātparamavahitā saumya sīmantinīnāṁ
kāntodantaḥ suhṛdupanataḥ saṅgamātkiñcidūnaḥ ||

This uttered, as the Wind-born ape among
The leaves stole Sita's ear, so she – her face
Lifted and praising thee with eager tongue –

Shall hear intent; for, noblest of the race
Of clouds, to woman news one trusted bears
Is only lesser than her love's embrace.

|| 99 ||

तामायुष्मन्मम च वचनादात्मनश्चोपकर्तुं
ब्रूया एवं तव सहचरो रामगिर्याश्रमस्थः ।
अव्यापन्नः कुशलमबले पृच्छति त्वां वियुक्तः
पूर्वाभाष्यं सुलभविपदां प्राणिनामेतदेव ॥

tāmāyuṣmanmama ca vacanādātmanaścopakartuṁ
brūyā evaṁ tava sahacaro rāmagiryāśramasthaḥ |
avyāpannaḥ kuśalamabale pṛcchati tvāṁ viyuktaḥ
pūrvābhāṣyaṁ sulabhavipadāṁ prāṇināmetadeva ||

Fulfil thy mission then and grant my prayers,
Addressing her: 'Unslain by grief survives
In groves of Rama's Mount thy mate who shares,

Lonely, thy plight; he asks, in health how thrives
His frail one – first concern of creatures this,
To whom mischance so readily arrives.

|| 100 ||

अङ्गेनाङ्गं प्रतनु तनुना गाढतप्तेन तप्तं
सास्रेणाश्रुद्रुतमविरतोत्कण्ठमुत्कण्ठितेन ।
उष्णोच्छ्वासं समधिकतरोच्छ्वासिना दूरवर्ती
सङ्कल्पैस्तैर्विशति विधिना वैरिणा रुद्धमार्गः ॥

aṅgenāṅgaṁ pratanu tanunā gāḍhataptena taptaṁ
sāsreṇāśrudrutamaviratotkaṇṭhamutkaṇṭhitena |
uṣṇocchvāsaṁ samadhikatarocchvāsinā dūravartī
saṅkalpaistairviśati vidhinā vairiṇā ruddhamārgaḥ ||

His flesh, consumed by yearning, lives to miss
Thy yearning flesh, assailed with such a fire
As thou must feel; yet, from thy body's bliss

Barred by a hostile fate, in thought's desire
His sighing frame where hot tears daily flow
Mingles with thine across the spaces dire.

|| 101 ||

शब्दाख्येयं यदपि किल ते यः सखीनां पुरस्तात्
कर्णे लोकः कथयितुमभूदाननस्पर्शलोभात् ।
सोऽतिक्रान्तः श्रवणविषयं लोचनाभ्यामदृष्ट-
स्त्वामुत्कण्ठाविरचितपदं मन्मुखेनेदमाह ॥

śabdākhyeyaṁ yadapi kila te yaḥ sakhīnāṁ purastāt
karṇe lokaḥ kathayitumabhūdānanasparśalobhāt |
so'tikrāntaḥ śravaṇaviṣayaṁ locanābhyāmadṛṣṭas-
tvāmutkaṇṭhāviracitapadaṁ manmukhenedamāha ||

He who before thy friends would whisper low,
Close to thy ear, what well he might have said
Aloud, to touch thy face's sweetness so,

Passed from thy hearing's field and distant fled
From cheerless sight, to thy forsaken breast
Speaks words of longing thus through me conveyed:

|| 102 ||

श्यामास्वङ्गं चकितहरिणीप्रेक्षणे दृष्टिपातं
वक्त्रच्छायां शशिनि शिखिनां बर्हभारेषु केशान्।
उत्पश्यामि प्रतनुषु नदीवीचिषु भ्रूविलासान्
हन्तैकस्मिन्क्वचिदपि न ते चण्डि सादृश्यमस्ति ॥

śyāmāsvaṅgaṁ cakitahariṇīprekṣaṇe dṛṣṭipātaṁ
vaktracchāyāṁ śaśini śikhināṁ barhabhāreṣu keśān |
utpaśyāmi pratanuṣu nadīvīciṣu bhrūvilāsān
hantaikasminkvacidapi na te caṇḍi sādṛśyamasti ||

"The vines, O beauty, to my eyes suggest
Thy slender shape, while in the moon I see
Mirrored thy face and through the waves expressed

Thy brows' play; peacocks with their pageantry
Evoke thy hair, thy glance the shy doe's grace –
Alas! I nowhere seize the whole of thee.

|| 103 ||

त्वामालिख्य प्रणयकुपितां धातुरागैः शिलाया-
मात्मानं ते चरणपतितं यावदिच्छामि कर्तुम्।
अस्त्रैस्तावन् मुहुरुपचितैर्दृष्टिरालुप्यते मे
क्रूरस्तस्मिन्नपि न सहते सङ्गमं नौ कृतान्तः॥

tvāmālikhya praṇayakupitāṁ dhāturāgaiḥ śilāyām-
ātmānaṁ te caraṇapatitaṁ yāvadicchāmi kartum |
asraistāvan muhurupacitairdṛṣṭirālupyate me
krūrastasminnapi na sahate saṅgamaṁ nau kṛtāntaḥ ||

When thee with rustic chalk on stone I trace
Feigning some jealous rage, then would proceed
My prostrate figure at thy feet to place,

Resistless wellings-up of tears impede
At once my plundered sight: not even such
A union will fate's cruelty concede.

|| 104 ||

मामाकाशप्रणिहितभुजं निर्दयाश्लेषहेतो-
र्लब्धायास्ते कथमपि मया स्वप्नसन्दर्शनेषु ।
पश्यन्तीनां न खलु बहुशो न स्थलीदेवतानां
मुक्तास्थूलास्तरुकिसलयेष्वश्रुलेशाः पतन्ति ॥

māmākāśapraṇihitabhujaṁ nirdayāśleṣahetor-
labdhāyāste kathamapi mayā svapnasandarśaneṣu |
paśyantīnāṁ na khalu bahuśo na sthalīdevatānāṁ
muktāsthūlāstarukisalayeṣvaśruleśāḥ patanti ||

And when I throw my arms aloft to clutch
The image of my loved one, somehow caught
At last in dream, the spectacle must much

Affect the spirits of the sylvan spot
Who watch above, compelling them to pour
Large tears which pearl-like all the foliage dot.

|| 105 ||

भित्त्वा सद्यः किसलयपुटान् देवदारुद्रुमाणां
ये तत्क्षीरस्रुतिसुरभयो दक्षिणेन प्रवृत्ताः ।
आलिङ्ग्यन्ते गुणवति मया ते तुषाराद्रिवाताः
पूर्वं स्पृष्टं यदि किल भवेदङ्गमेभिस्तवेति ॥

bhittvā sadyaḥ kisalayapuṭān devadārudrumāṇāṁ
ye tatkṣīrasrutisurabhayo dakṣiṇena pravṛttāḥ |
āliṅgyante guṇavati mayā te tuṣārādrivātāḥ
pūrvaṁ spṛṣṭaṁ yadi kila bhavedaṅgamebhistaveti ||

Those winds that where the snow-clad summits soar
Spring up, then, pungent with the resin's scent
Of pines whose moist shoots from their sheaths they tore,

Issue forth – I embrace them, my torment
Assuaged, imagining that thy chaste sense
Refreshing first on southward ways they went.

|| 106 ||

सङ्क्षिप्येत क्षण इव कथं दीर्घयामा त्रियामा
सर्वावस्थास्वहरपि कथं मन्दमन्दातपं स्यात् ।
इत्थं चेतश्चटुलनयने दुर्लभप्रार्थनं मे
गाढोष्माभिः कृतमशरणं त्वद्वियोगव्यथाभिः ॥

saṅkṣipyeta kṣaṇa iva kathaṁ dīrghayāmā triyāmā
sarvāvasthāsvaharapi kathaṁ mandamandātapaṁ syāt |
itthaṁ cetaścaṭulanayane durlabhaprārthanaṁ me
gāḍhoṣmābhiḥ kṛtamaśaraṇaṁ tvadviyogavyathābhiḥ ||

Oh, that the night's slow watches would condense
To a mere moment's flight and that the day
Might mitigate its fiery violence! –

So, my gazelle-eyed girl, in vain I pray,
Banished from thee, from such pangs shelterless
As every hour my mind and flesh dismay.

|| 107 ||

नन्वात्मानं बहु विगणयन्नात्मनैवावलम्बे
तत्कल्याणि त्वमपि नितरां मा गमः कातरत्वम् ।
कस्यात्यन्तं सुखमुपनतं दुःखमेकान्ततो वा
नीचैर्गच्छत्युपरि च दशा चक्रनेमिक्रमेण ॥

nanvātmānaṁ bahu vigaṇayannātmanaivāvalambe
tatkalyāṇi tvamapi nitarāṁ mā gamaḥ kātaratvam |
kasyātyantaṁ sukhamupanataṁ duḥkhamekāntato vā
nīcairgacchatyupari ca daśā cakranemikrameṇa ||

And yet my soul swoons not with this excess
Of suffering, through all misery sustained
By musings that should strengthen thee no less:

For think, to whom is utter joy ordained
Or termless grief? but as a great wheel's rim
Revolves, our fortunes fall and they ascend.

|| 108 ||

शापान्तो मे भुजगशयनादुत्थिते शार्ङ्गपाणौ
शेषान्मासान्गमय चतुरो लोचने मीलयित्वा ।
पश्चादावां विरहगुणितं तं तमात्माभिलाषं
निर्वेक्ष्यावः परिणतशरच्चन्द्रिकासु क्षपासु ॥

śāpānto me bhujagaśayanādutthite śārṅgapāṇau
śeṣānmāsāngamaya caturo locane mīlayitvā |
paścādāvāṁ virahaguṇitaṁ taṁ tamātmābhilāṣaṁ
nirvekṣyāvaḥ pariṇataśaraccandrikāsu kṣapāsu ||

My curse ends with the serpent-sleep of Him
Who wields the bow; close now thy lids and pass
With fortitude the four months' interim.

In eves of autumn moonlight, from the mass
Of clouds released, delights we then shall reap
That after sorrow those of old surpass."

|| 109 ||

भूयश्चाह त्वमपि शयने कण्ठलग्ना पुरा मे
निद्रां गत्वा किमपि रुदती सस्वरं विप्रबुद्धा ।
सान्तर्हासं कथितमसकृत्पृच्छतश्च त्वया मे
दृष्टः स्वप्ने कितव रमयन्कामपि त्वं मयेति ॥

bhūyaścāha tvamapi śayane kaṇṭhalagnā purā me
nidrāṁ gatvā kimapi rudatī sasvaraṁ viprabuddhā |
sāntarhāsaṁ kathitamasakṛtpṛcchataśca tvayā me
dṛṣṭaḥ svapne kitava ramayankāmapi tvaṁ mayeti ||

He spoke again: "Once on our couch asleep,
Arms clasped around my neck, a little cry
Thou didst release and for a moment weep;

Then smiling furtively thou didst reply
To my insistence, 'Wretch, thy dalliance
With some strange woman in a dream saw I.'

|| 110 ||

एतस्मान्मां कुशलिनमभिज्ञानदानाद्विदित्वा
मा कौलीनादसितनयने मय्यविश्वासिनी भूः ।
स्नेहानाहुः किमपि विरहे ध्वंसिनस्ते त्वभोगा-
दिष्टे वस्तुन्युपचितरसाः प्रेमराशीभवन्ति ॥

etasmānmāṁ kuśalinamabhijñānadānādviditvā
mā kaulīnādasitanayane mayyaviśvāsinī bhūḥ |
snehānāhuḥ kimapi virahe dhvaṁsinaste tvabhogā-
diṣṭe vastunyupacitarasāḥ premarāśībhavanti ||

This token will assure thee no mischance
Has come to me – now by the roots remove
The weed, distrust, which idle gossip plants:

A distant spouse's ardour, some would prove,
Dwindles; in truth, their object long denied,
Affections kindle to intensest love."

|| 111 ||

कच्चित्सौम्य व्यवसितमिदं बन्धुकृत्यं त्वया मे
प्रत्यादेशान्न खलु भवतो धीरतां कल्पयामि ।
निःशब्दोऽपि प्रदिशसि जलं याचितश्चातकेभ्यः
प्रत्युक्तं हि प्रणयिषु सतामीप्सितार्थक्रियैव ॥

kaccitsaumya vyavasitamidaṁ bandhukṛtyaṁ tvayā me
pratyādeśānna khalu bhavato dhīratāṁ kalpayāmi |
niḥśabdo'pi pradiśasi jalaṁ yācitaścātakebhyaḥ
pratyuktaṁ hi praṇayiṣu satāmīpsitārthakriyaiva ||

I hope this service I to thee confide
Thou hast resolved nor, brother, do I find
Refusal in thy grave restraint implied:

Thou grantest, to the rain-lark's plea inclined,
Silent thy drops – a supplicant's request
Fulfilling so responds the great of mind.

|| 112 ||

एतत्कृत्वा प्रियमनुचितप्रार्थनावर्तिनो मे
सौहार्दाद्वा विधुर इति वा मय्यनुक्रोशबुद्ध्या ।
इष्टान्देशाञ्जलद विचर प्रावृषा सम्भृतश्री-
र्मा भूदेवं क्षणमपि च ते विद्युता विप्रयोगः ॥

etatkṛtvā priyamanucitaprārthanāvartino me
sauhārdādvā vidhura iti vā mayyanukrośabuddhyā |
iṣṭāndeśāñjalada vicara prāvṛṣā sambhṛtaśrīr-
mā bhūdevaṁ kṣaṇamapi ca te vidyutā viprayogaḥ ||

A task which slights thy stature I have pressed
Upon thee, yet thy friendship wilt thou show
Or act in sympathy for one distressed;

This trust discharged, across the regions go
As thou desir'st, thy season at its height
Of grandeur – nor, O cloud, a moment know
Of parting ever from thy lightning's sight."

Meghadūtam
Quarter Verse Index

Meghadūtam Quarter Verse Index
(Devanangari)

पादानुक्रमणिका

अंसन्यस्ते सति हलभृतो मेचके वाससीव	59d
अङ्गग्लानिं सुरतजनितां तन्तुजालावलम्बाः	70b
अङ्गेनाङ्गं प्रतनु तनुना गाढतप्तेन तप्तं	100a
अत्यादित्यं हुतवहमुखे संभृतं तद्धि तेजः	43d
अद्रेः शृङ्गं हरति पवनः किंस्विदित्युन्मुखीभिः	14a
अन्तर्बाष्पश्चिरमनुचरो राजराजस्य दध्यौ	3b
अन्तःशुद्धस्त्वमपि भविता वर्णमात्रेण कृष्णः	49d
अन्तःसारं घन तुलयितुं नानिलः शक्ष्यति त्वां	20c
अन्तस्तोयं मणिमयभुवस्तुङ्गमभ्रंलिहाग्राः	64c
अन्वास्यैनां स्तनितविमुखो याममात्रं सहस्व	95b
अप्यन्यस्मिञ्जलधर महाकालमासाद्य काले	34a
अर्चिस्तुङ्गानभिमुखमपि प्राप्य रत्नप्रदीपान्	69c
अर्हस्यन्तर्भवनपतितां कर्तुमल्पाल्पभासं	79c

अर्हस्येनं शमयितुमलं वारिधारासहस्रैः	53c
अव्यापन्नः कुशलमबले पृच्छति त्वां वियुक्तः	99c
अव्यापन्नामविहतगतिर्द्रक्ष्यसि भ्रातृजायाम्	9b
अस्रैस्तावन् मुहुरुपचितैर्दृष्टिरालुप्यते मे	103c
आकाङ्क्षन्तीं नयनसलिलोत्पीडरुद्धावकाशाम्	89d
आ कैलासाद्बिसकिसलयच्छेदपाथेयवन्तः	11c
आत्मानं ते चरणपतितं यावदिच्छामि कर्तुम्	103b
आद्ये बद्धा विरहदिवसे या शिखा दाम हित्वा	88a
आधिक्षामां विरहशयने संनिषण्णैकपार्श्वां	87a
आनन्दोत्थं नयनसलिलं यत्र नान्यैर्निमित्तैः	67a
आपन्नार्तिप्रशमनफलाः संपदो ह्युत्तमानाम्	53d
आपृच्छस्व प्रियसखममुं तुङ्गमालिङ्ग्य शैलं	12a
आमन्द्राणां फलमविकलं लप्स्यसे गर्जितानाम्	34d
आमोक्ष्यन्ते त्वयि मधुकरश्रेणिदीर्घान्कटाक्षान्	35d
आराध्यैनं शरवणभवं देवमुल्लङ्घिताध्वा	45a
आलिङ्ग्यन्ते गुणवति मया ते तुषाराद्रिवाताः	105c
आलेख्यानां सलिलकणिकादोषमुत्पाद्य सद्यः	71b
आलोके ते निपतति पुरा सा बलिव्याकुला वा	83a
आविर्भूतप्रथममुकुलाः कन्दलीश्चानुकच्छम्	21b
आशाबन्धः कुसुमसदृशं प्रायशो ह्यङ्गनानां	9c
आषाढस्य प्रथमदिवसे मेघमाश्लिष्टसानुं	2c

आसीनानां सुरभितशिलं नाभिगन्धैर्मृगाणां	52a
आसेवन्ते मधु रतिफलं कल्पवृक्षप्रसूतं	68c
इत्थं चेतश्चटुलनयने दुर्लभप्रार्थनं मे	106c
इत्थंभूतां प्रथमविरहे तामहं तर्कयामि	92b
इत्याख्याते पवनतनयं मैथिलीवोन्मुखी सा	98a
इत्यौत्सुक्यादपरिगणयन्गुह्यकस्तं ययाचे	5c
इन्दोर्दैन्यं त्वदनुसरणक्लिष्टकान्तेर्बिभर्ति	82d
इष्टान्देशाञ्जलद विचर प्रावृषा संभृतश्रीः	112c
इष्टे वस्तुन्युपचितरसाः प्रेमराशीभवन्ति	110d
उत्पश्यामि त्वयि तटगते स्निग्धभिन्नाञ्जनाभे	59a
उत्पश्यामि द्रुतमपि सखे मत्प्रियार्थं यियासोः	22a
उत्पश्यामि प्रतनुषु नदीवीचिषु भ्रूविलासान्	102c
उत्सङ्गे वा मलिनवसने सौम्य निक्षिप्य वीणां	84a
उद्दामानि प्रथयति शिलावेश्मभिर्यौवनानि	25d
उद्यानानां नवजलकणैर्यूथिकाजालकानि	26b
उष्णोच्छ्वासं समधिकतरोच्छ्वासिना दूरवर्ती	100c
एकं मुक्तागुणमिव भुवः स्थूलमध्येन्द्रनीलम्	46d
एकः सख्यास्तव सह मया वामपादाभिलाषी	76c
एतत्कृत्वा प्रियमनुचितप्रार्थनावर्तिनो मे	112a
एतस्मान्मां कुशलिनमभिज्ञानदानाद्विदित्वा	110a
एभिः साधो हृदयनिहितैर्लक्षणैर्लक्षयेथाः	78a

कः संनद्धे विरहविधुरां त्वय्युपेक्षेत जायां 8c

कच्चित्सौम्य व्यवसितमिदं बन्धुकृत्यं त्वया मे 111a

कच्चिद्भर्तुः स्मरसि रसिके त्वं हि तस्य प्रियेति 83d

कण्ठाश्लेषप्रणयिनि जने किं पुनर्दूरसंस्थे 3d

कर्णे लोकः कथयितुमभूदाननस्पर्शलोभात् 101b

कर्तुं यच्च प्रभवति महीमुच्छिलीन्ध्रामवन्ध्यां 11a

कल्पिष्यन्ते स्थिरगणपदप्राप्तये श्रद्दधानाः 55d

कश्चित्कान्ताविरहगुरुणा स्वाधिकारात्प्रमत्तः 1a

कस्यात्यन्तं सुखमुपनतं दुःखमेकान्ततो वा 107c

काङ्‌क्षत्यन्यो वदनमदिरां दोहदच्छद्मनास्याः 76d

कान्तोदन्तः सुहृदुपनतः सङ्गमात्किंचिदूनः 98d

कामार्ता हि प्रकृतिकृपणाश्चेतनाचेतनेषु 5d

कार्श्यं येन त्यजति विधिना स त्वयैवोपपाद्यः 29d

कालक्षेपं ककुभसुरभौ पर्वते पर्वते ते 22b

काले काले भवति भवतो यस्य संयोगमेत्य 12c

किंचित्पश्चाद्व्रज लघुगतिर्भूय एवोत्तरेण 16d

कुन्दक्षेपानुगमधुकरश्रीमुषामात्मबिम्बं 47c

कुर्वन्कामं क्षणमुखपटप्रीतिमैरावतस्य 62b

कुर्वन्संध्याबलिपटहतां शूलिनः श्लाघनीयां 34c

कृत्वा तासामभिगममपां सौम्य सारस्वतीनां 49c

केकोत्कण्ठा भवनशिखिनो नित्यभास्वत्कलापा 66c

के वा न स्युः परिभवपदं निष्फलारम्भयत्नाः 54d

कैलासस्य त्रिदशवनितादर्पणस्यातिथिः स्याः 58b

क्रीडालोलाः श्रवणपरुषैर्गर्जितैर्भाययेस्ताः 61d

क्रीडाशैलः कनककदलीवेष्टनप्रेक्षणीयः 75b

क्रीडाशैले प्रथमकथिते रम्यसानौ निषण्णः 79b

क्रीडाशैले यदि च विचरेत्पादचारेण गौरी 60b

क्रूरस्तस्मिन्नपि न सहते सङ्गमं नौ कृतान्तः 103d

क्षामच्छायं भवनमधुना मद्वियोगेन नूनं 78c

क्षीणः क्षीणः परिलघु पयः स्रोतसां चोपभुज्य 13d

क्षेत्रं क्षत्रप्रधनपिशुनं कौरवं तद्भजेथाः 48b

क्षौमं रागादनिभृतकरेष्वाक्षिपत्सु प्रियेषु 69b

खद्योतालीविलसितनिभां विद्युदुन्मेषदृष्टिम् 79d

खिन्नः खिन्नः शिखरिषु पदं न्यस्य गन्तासि यत्र 13c

गच्छन्तीनां रमणवसतिं योषितां तत्र नक्तं 37a

गण्डस्वेदापनयनरुजाक्लान्तकर्णोत्पलानां 26c

गण्डाभोगात्कठिनविषमामेकवेणीं करेण 89d

गत्वा चोर्ध्वं दशमुखभुजोच्छ्वासितप्रस्थसंधेः 58a

गत्वा सद्यः कलभतनुतां शीघ्रसंपातहेतोः 79a

गत्वा सद्यः फलमविकलं कामुकत्वस्य लब्धा 24b

गन्तव्या ते वसतिरलका नाम यक्षेश्वराणां 7c

गम्भीरायाः पयसि सरितश्चेतसीव प्रसन्ने 40a

गर्भाधानक्षणपरिचयान्नूनमाबद्धमालाः 10c

गाढोत्कण्ठा गुरुषु दिवसेष्वेषु गच्छत्सु बालां 81c

गाढोष्माभिः कृतमशरणं त्वद्वियोगव्यथाभिः 106d

गौरीवक्त्रभ्रुकुटिरचनां या विहस्येव फेनैः 50c

चक्षुः खेदात्सलिलगुरुभिः पक्ष्मभिश्छादयन्ती 90c

चूडापाशे नवकुरबकं चारु कर्णे शिरीषं 65c

छन्नोपान्तः परिणतफलद्योतिभिः काननाम्रैः 18a

छायात्माऽपि प्रकृतिसुभगो लप्स्यते ते प्रवेशम् 40b

छायादानात् क्षणपरिचितः पुष्पलावीमुखानाम् 26d

जग्ध्वाऽरण्येष्वधिकसुरभिं गन्धमाघ्राय चोर्व्याः 21c

जम्बूकुञ्जप्रतिहतरयं तोयमादाय गच्छेः 20b

जातं वंशे भुवनविदिते पुष्करावर्तकानां 6a

जातां मन्ये शिशिरमथितां पद्मिनीं वाऽन्यरूपाम् 81d

जानामि त्वां प्रकृतिपुरुषं कामरूपं मघोनः 6b

जाने सख्यास्तव मयि मनः संभृतस्नेहमस्माद् 92a

जालोद्गीर्णैरुपचितवपुः केशसंस्कारधूपैः 32a

जाह्नोः कन्यां सगरतनयस्वर्गसोपानपङ्क्तिम् 50b

जीमूतेन स्वकुशलमयीं हारयिष्यन्प्रवृत्तिम् 4b

ज्योतिर्लेखावलयि गलितं यस्य बर्हं भवानी 44a

ज्योतिश्छायाकुसुमरचितान्युत्तमस्त्रीसहायाः 68b

तं चेद्वायौ सरति सरलस्कन्धसङ्घट्टजन्मा 53a

तच्छ्रुत्वा ते श्रवणसुभगं गर्जितं मानसोत्काः	11b
तत्कल्याणि त्वमपि नितरां मा गमः कातरत्वम्	107b
तत्र व्यक्तं दृषदि चरणन्यासमर्धेन्दुमौलेः	55a
तत्र स्कन्दं नियतवसतिं पुष्पमेघीकृतात्मा	43a
तत्रागारं धनपतिगृहानुत्तरेणास्मदीयं	73a
तत्रावश्यं वलयकुलिशोद्धट्टनोद्गीर्णतोयं	61a
तत्संदेशैर्हृदयनिहितैरागतं त्वत्समीपम्	97b
तन्त्रीमार्द्रां नयनसलिलैः सारयित्वा कथंचिद्	84c
तन्मध्ये च स्फटिकफलका काञ्चनी वासयष्टिः	77a
तन्वी श्यामा शिखरिदशना पक्वबिम्बाधरोष्ठी	80a
तस्मादस्याः कुमुदविशदान्यर्हसि त्वं न धैर्यान्	40c
तस्माद्गच्छेरनुकनखलं शैलराजावतीर्णां	50a
तस्मिन्काले जलद यदि सा लब्धनिद्रासुखा स्यात्	95a
तस्मिन्काले नयनसलिलं योषितां खण्डितानां	39a
तस्मिन्नद्रौ कतिचिदबलाविप्रयुक्तः स कामी	2a
तस्य स्थित्वा कथमपि पुरः कौतुकाधानहेतोः	3a
तस्या एव प्रभवमचलं प्राप्य गौरं तुषारैः	52b
तस्याः किंचित्करधृतमिव प्राप्तवानीरशाखं	41a
तस्याः पातुं सुरगज इव व्योम्नि पश्चार्धलम्बी	51a
तस्याः सिन्धोः पृथुमपि तनुं दूरभावात्प्रवाहम्	46b
तस्यारम्भश्चतुरवनिताविभ्रमैरेव सिद्धः	72d

तस्यास्तिक्तैर्वनगजमदैर्वासितं वान्तवृष्टिः 20a
तस्यास्तीरे रचितशिखरः पेशलैरिन्द्रनीलैः 75a
तस्योत्सङ्गे प्रणयिन इव स्रस्तगङ्गादुकूलां 63a
तां कस्यांचिद्भवनवलभौ सुप्तपारावतायां 38a
तां चावश्यं दिवसगणनातत्परामेकपत्नीं 9a
तां जानीथाः परिमितकथां जीवितं मे द्वितीयं 81a
तान्कुर्वीथास्तुमुलकरकावृष्टिहासावकीर्णान् 54c
ताभ्यो मोक्षस्तव यदि सखे घर्मलब्धस्य न स्यात् 61c
तामायुष्मन्मम च वचनादात्मनश्चोपकर्तुं 99a
तामुत्तीर्य व्रज परिचितभ्रूलताविभ्रमाणां 47a
तामुत्थाप्य स्वजलकणिकाशीतलेनानिलेन 96a
तामुन्निद्रामवनिशयनां सौधवातायनस्थः 86d
तामेवोष्णैर्विरहमहतीमश्रुभिर्यापयन्तीम् 87d
तालैः शिञ्जावलयसुभगैर्नर्तितः कान्तया मे 77c
तीरोपान्तस्तनितसुभगं पास्यसि स्वादु यस्मात् 24c
तेनार्थित्वं त्वयि विधिवशाद्दूरबन्धुर्गतोऽहं 6c
तेनोदीचीं दिशमनुसरेस्तिर्यगायामशोभी 57c
तेषां दिक्षु प्रथितविदिशालक्षणां राजधानीं 24a
तोयक्रीडानिरतयुवतिस्नानतिक्तैर्मरुद्भिः 33d
तोयोत्सर्गद्रुततरगतिस्तत्परं वर्त्म तीर्णः 19b
तोयोत्सर्गस्तनितमुखरो मा च भूर्विक्लवास्ताः 37d

त्वं चेदच्छस्फटिकविशदं तर्कयेस्तिर्यगम्भः 51b

त्वत्सम्पर्कात् पुलकितमिव प्रौढपुष्पैः कदम्बैः 25b

त्वत्संरोधापगमविशदैश्चन्द्रपादैर्निशीथे 70c

त्वद्गम्भीरध्वनिषु शनकैः पुष्करेष्वाहतेषु 68d

त्वन्निष्यन्दोच्छ्वसितवसुधागन्धसंपर्करम्यः 42a

त्वय्यादातुं जलमवनते शार्ङ्गिणो वर्णचौरे 46a

त्वय्यायत्तं कृषिफलमिति भ्रूविकारानभिज्ञैः 16a

त्वय्यारूढे शिखरमचलः स्निग्धवेणीसवर्णे 18b

त्वय्यासन्ने नयनमुपरिस्पन्दि शङ्के मृगाक्ष्याः 93c

त्वय्यासन्ने परिणतफलश्यामजम्बूवनान्ताः 23c

त्वामारूढं पवनपदवीमुद्गृहीतालकान्ताः 8a

त्वामालिख्य प्रणयकुपितां धातुरागैः शिलायाम् 103a

त्वामासारप्रशमितवनोपप्लवं साधु मूर्ध्ना 17a

त्वामुत्कण्ठाविरचितपदं मन्मुखेनेदमाह 101d

त्वामुत्कण्ठोच्छ्वसितहृदया वीक्ष्य संभाव्य चैव 98b

दर्पोत्सेकादुपरि शरभा लङ्घयिष्यन्त्यलङ्घ्यम् 54b

दिङ्नागानां पथि परिहरन्स्थूलहस्तावलेपान् 14d

दीर्घीकुर्वन्पटु मदकलं कूजितं सारसानां 31a

दूराल्लक्ष्यं सुरपतिधनुश्चारुणा तोरणेन 73b

दूरीभूते मयि सहचरे चक्रवाकीमिवैकाम् 81b

दृष्टः स्वप्ने कितव रमयन्कामपि त्वं मयेति 109d

दृष्टे सूर्ये पुनरपि भवान्वाहयेदध्वशेषं 38c

दृष्टोत्साहश्चकितचकितं मुग्धसिद्धाङ्गनाभिः 14b

द्वारोपान्ते लिखितवपुषौ शङ्खपद्मौ च दृष्ट्वा 78b

धारापातैस्त्वमिव कमलान्यभ्यवर्षन्मुखानि 48d

धुन्वन्कल्पद्रुमकिसलयान्यंशुकानीव वातैः 62c

धूतोद्यानं कुवलयरजोगन्धिभिर्गन्धवत्याः 33c

धूमज्योतिःसलिलमरुतां संनिपातः क्व मेघः 5a

धूमोद्गारानुकृतिनिपुणा जर्जरा निष्पतन्ति 71d

धौतापाङ्गं हरशशिरुचा पावकेस्तं मयूरं 44c

न क्षुद्रोऽपि प्रथमसुकृतापेक्षया संश्रयाय 17c

न त्वं दृष्ट्वा न पुनरलकां ज्ञास्यसे कामचारिन् 63b

नन्वात्मानं बहु विगणयन्नात्मनैवावलम्बे 107a

न स्यादन्योऽप्यहमिव जनो यः पराधीनवृत्तिः 8d

नाध्यास्यन्ति व्यपगतशुचस्त्वामपि प्रेक्ष्य हंसाः 74d

नानाचेष्टैर्जलद ललितैर्निर्विशेस्तं नगेन्द्रम् 62d

नान्यस्तापः कुसुमशरजादिष्टसंयोगसाध्यात् 67b

नाप्यन्यस्मात्प्रणयकलहाद्विप्रयोगोपपत्तिः 67c

निःशब्दोऽपि प्रदिशसि जलं याचितश्चातकेभ्यः 111c

निःश्वासानामशिशिरतया भिन्नवर्णाधरोष्ठम् 82b

निःश्वासेनाधरकिसलयक्लेशिना विक्षिपन्तीम् 89a

नित्यज्योत्स्नाः प्रतिहततमोवृत्तिरम्याः प्रदोषाः 66d

निद्रां गत्वा किमपि रुदती सस्वरं विप्रबुद्धा 109b
निर्विन्ध्यायाः पथि भव रसाभ्यन्तरः सन्निपत्य 28c
निर्वेक्ष्यावः परिणतशरच्चन्द्रिकासु क्षपासु 108d
निर्ह्रादस्ते ते मुरज इव चेत्कन्दरेषु ध्वनिः स्यात् 56c
नीचैराख्यं गिरिमधिवसेस्तत्र विश्रामहेतोः 25a
नीचैर्गच्छत्युपरि च दशा चक्रनेमिक्रमेण 107d
नीचैर्वास्यत्युपजिगमिषोर्देवपूर्वं गिरिं ते 42c
नीडारम्भैर्गृहबलिभुजामाकुलग्रामचैत्याः 23b
नीता रात्रिः क्षण इव मया सार्धमिच्छारतैर्या 87c
नीता लोध्रप्रसवरजसा पाण्डुतामानने श्रीः 65b
नीत्वा मासान्कनकवलयभ्रंशरिक्तप्रकोष्ठः 2b
नीत्वा रात्रिं चिरविलसनात् खिन्नविद्युत्कलत्रः 38b
नीपं दृष्ट्वा हरितकपिशं केसरैरर्धरूढैः 21a
नीवीबन्धोच्छ्वसितशिथिलं यत्र बिम्बाधराणां 69a
नूनं तस्याः प्रबलरुदितोच्छूननेत्रं प्रियायाः 82a
नूनं यास्यत्यमरमिथुनप्रेक्षणीयामवस्थां 18c
नृत्यारम्भे हर पशुपतेरार्द्रनागाजिनेच्छां 36c
नेत्रा नीताः सततगतिना यद्विमानाग्रभूमीः 71a
नेष्यन्ति त्वां सुरयुवतयो यन्त्रधारागृहत्वम् 61b
पक्ष्मोत्क्षेपादुपरिविलसत्कृष्णशारप्रभाणाम् 47b
पश्चादद्रिग्रहणगुरुभिर्गर्जितैर्नर्तयेथाः 44d

पश्चादावां विरहगुणितं तं तमात्माभिलाषं 108c
पश्चादुच्चैर्भुजतरुवनं मण्डलेनाभिलीनः 36a
पश्यन्तीनां न खलु बहुशो न स्थलीदेवतानां 104c
पाण्डुच्छाया तटरुहतरुभ्रंशिभिर्जीर्णपर्णैः 29b
पाण्डुच्छायोपवनवृतयः केतकैः सूचिभिन्नैः 23a
पात्रीकुर्वन्दशपुरवधूनेत्रकौतूहलानाम् 47d
पादन्यासैः क्वणितरशनास्तत्र लीलावधूतैः 35a
पादानिन्दोरमृतशिशिराञ्जालमार्गप्रविष्टान् 90a
पुण्यं यायास्त्रिभुवनगुरोर्धाम चण्डीश्वरस्य 33b
पुत्रप्रेम्णा कुवलयदलप्रापि कर्णे करोति 44b
पुष्पासारैः स्नपयतु भवान्व्योमगङ्गाजलार्द्रैः 43b
पूर्वं स्पृष्टं यदि किल भवेदङ्गमेभिस्तवेति 105d
पूर्वप्रीत्या गतमभिमुखं संनिवृत्तं तथैव 90b
पूर्वाभाष्यं सुलभविपदां प्राणिनामेतदेव 99d
पूर्वोद्दिष्टामुपसर पुरीं श्रीविशालां विशालाम् 30b
पृच्छन्ती वा मधुरवचनां सारिकां पञ्जरस्थां 83c
प्रत्यक्षं ते निखिलमचिराद्भ्रातरुक्तं मया यत् 97d
प्रत्यादेशादपि च मधुनो विस्मृतभ्रूविलासम् 93b
प्रत्यादेशान्न खलु भवतो धीरतां कल्पयामि 111b
प्रत्यावृत्तस्त्वयि कररुधि स्यादनल्पाभ्यसूयः 39d
प्रत्याश्वस्तां सममभिनवैर्जालकैर्मालतीनाम् 96b

प्रत्यासन्ने नभसि दयिताजीवितालम्बनार्थी	4a
प्रत्यासन्नौ कुरबककवृतेर्माधवीमण्डपस्य	76b
प्रत्युक्तं हि प्रणयिषु सतामीप्सितार्थक्रियैव	111d
प्रत्युद्यातः कथमपि भवान्गन्तुमाशु व्यवस्येत्	22d
प्रत्यूषेषु स्फुटितकमलामोदमैत्रीकषायः	31b
प्रस्थानं ते कथमपि सखे लम्बमानस्य भावि	41c
प्राचीमूले तनुमिव कलामात्रशेषां हिमांशोः	87b
प्राप्यावन्तीनुदयनकथाकोविदग्रामवृद्धान्	30a
प्राप्ते मित्रे भवति विमुखः किं पुनर्यस्तथोच्चैः	17d
प्रायः सर्वो भवति करुणावृत्तिरार्द्रान्तरात्मा	91d
प्रायश्चापं न वहति भयान्मन्मथः षट्पदज्यम्	72b
प्रायेणैते रमणविरहेष्वङ्गनानां विनोदाः	85d
प्रालेयाद्रेरुपतटमतिक्रम्य तांस्तान् विशेषान्	57a
प्रालेयास्रं कमलवदनात्सोऽपि हर्तुं नलिन्याः	39c
प्रासादास्त्वां तुलयितुमलं यत्र तैस्तैर्विशेषैः	64d
प्रीतः प्रीतिप्रमुखवचनं स्वागतं व्याजहार	4d
प्रीतिस्निग्धैर्जनपदवधूलोचनैः पीयमानः	16b
प्रेक्षिष्यन्ते गगनगतयो नूनमावर्ज्य दृष्टीः	46c
प्रेक्षिष्यन्ते पथिकवनिताः प्रत्ययादाश्वसत्यः	8b
प्रेक्ष्योपान्तस्फुरिततडितं त्वां तमेव स्मरामि	75d
बन्धुप्रीत्या भवनशिखिभिर्दत्तनृत्योपहारः	32b

बन्धुप्रीत्या समरविमुखो लाङ्गली याः सिषेवे 49b

बर्हेणेव स्फुरितरुचिना गोपवेषस्य विष्णोः 15d

बाधेतोल्काक्षपितचमरीबालभारो दवाग्निः 53b

बाह्योद्यानस्थितहरशिरश्चन्द्रिकाधौतहर्म्या 7d

ब्रह्मावर्तं जनपदमथच्छायया गाहमानः 48a

ब्रूया एवं तव सहचरो रामगिर्याश्रमस्थः 99b

भक्तिच्छेदैरिव विरचितां भूतिमङ्गे गजस्य 19d

भङ्गीभक्त्या विरचितवपुः स्तम्भितान्तर्जलौघः 60c

भर्तुः कण्ठच्छविरिति गणैः सादरं वीक्ष्यमाणः 33a

भर्तुर्मित्रं प्रियमविधवे विद्धि मामम्बुवाहं 97a

भित्त्वा सद्यः किसलयपुटान् देवदारुद्रुमाणां 105a

भूयश्चाह त्वमपि शयने कण्ठलग्ना पुरा मे 109a

भूयो भूयः स्वयमपि कृतां मूर्च्छनां विस्मरन्ती 84d

मत्वा देवं धनपतिसखं यत्र साक्षाद्वसन्तं 72a

मत्संयोगः कथमुपनमेत्स्वप्नजोऽपीति निद्राम् 89c

मत्संदेशैः सुखयितुमलं पश्य साध्वीं निशीथे 86c

मत्सादृश्यं विरहतनु वा भावगम्यं लिखन्ती 83b

मद्गेहिन्याः प्रिय इति सखे चेतसा कातरेण 75c

मद्गोत्राङ्कं विरचितपदं गेयमुद्गातुकामा 84b

मध्ये क्षामा चकितहरिणीप्रेक्षणा निम्ननाभिः 80b

मध्ये श्यामः स्तन इव भुवः शेषविस्तारपाण्डुः 18d

मन्दं मन्दं नुदति पवनश्चानुकूलो यथा त्वां 10a
मन्दायन्ते न खलु सुहृदामभ्युपेतार्थकृत्याः 38d
मन्द्रस्निग्धैर्ध्वनिभिरबलावेणिमोक्षोत्सुकानि 97d
मा कौलीनादसितनयने मय्यविश्वासिनी भूः 110b
मा भूदस्याः प्रणयिनि मयि स्वप्नलब्धे कथंचित् 95c
मा भूदेवं क्षणमपि च ते विद्युता विप्रयोगः 112d
मामाकाशप्रणिहितभुजं निर्दयाश्लेषहेतोः 104a
मार्गं तावच्छृणु कथयतस्त्वत्प्रयाणानुरूपं 13a
मीनक्षोभाच्चलकुवलयश्रीतुलामेष्यतीति 93d
मुक्ताजालं चिरपरिचितं त्याजितो दैवगत्या 94b
मुक्ताजालग्रथितमलकं कामिनीवाभ्रवृन्दम् 63d
मुक्तास्थूलास्तरुकिसलयेष्वश्रुलेशाः पतन्ति 104d
मूले बद्धा मणिभिरनतिप्रौढवंशप्रकाशैः 77b
मेघालोके भवति सुखिनोऽप्यन्यथावृत्ति चेतः 3c
मोघीकर्तुं चटुलशफरोद्वर्तनप्रेक्षितानि 40d
यः पण्यस्त्रीरतिपरिमलोद्गारिभिर्नागराणां 25c
यक्षश्चक्रे जनकतनयास्नानपुण्योदकेषु 1c
यत्र स्त्रीणां प्रियतमभुजोच्छ्वासितालिङ्गितानां 70a
यत्र स्त्रीणां हरति सुरतग्लानिमङ्गानुकूलः 31c
यत्रोन्मत्तभ्रमरमुखराः पादपा नित्यपुष्पाः 66a
यस्मिन्दृष्टे करणविगमादूर्ध्वमुद्धूतपापाः 55c

यस्यां यक्षाः सितमणिमयान्येत्य हर्म्यस्थलानि 68a

यस्यास्तोये कृतवसतयो मानसं संनिकृष्टं 74c

यस्योपान्ते कृतकतनयः कान्तया वर्धितो मे 73c

याच्ञा मोघा वरमधिगुणे नाधमे लब्धकामा 6d

या तत्र स्याद्युवतिविषये सृष्टिराद्येव धातुः 80d

यामध्यास्ते दिवसविगमे नीलकण्ठः सुहृद्वः 77d

या वः काले वहति सलिलोद्गारमुच्चैर्विमाना 63c

यास्यत्यूरुः सरसकदलीस्तम्भगौरश्चलत्वम् 94d

ये तत्क्षीरस्रुतिसुरभयो दक्षिणेन प्रवृत्ताः 105b

ये त्वां कुक्तध्वनिमसहनाः स्वाङ्गभङ्गाय तस्मिन् 54a

येन श्यामं वपुरतितरां कान्तिमापत्स्यते ते 15c

यो वृन्दानि त्वरयति पथि श्राम्यतां प्रोषितानां 97c

रक्षाहेतोर्नवशशिभृता वासवीनां चमूनां 43c

रक्ताशोकश्चलकिसलयः केसरश्चात्र कान्तः 76a

रत्नच्छायाखचितवलिभिश्चामरैः क्लान्तहस्ताः 35b

रत्नच्छायाव्यतिकर इव प्रेक्ष्यमेतत्पुरस्ताद् 15a

राजन्यानां शितशरशतैर्यत्र गाण्डीवधन्वा 48c

राशीभूतः प्रतिदिनमिव त्र्यम्बकस्याट्टहासः 58d

रिक्तः सर्वो भवति हि लघुः पूर्णता गौरवाय 20d

रुद्धापाङ्गप्रसरमलकैरञ्जनस्नेहशून्यं 93a

रुद्धालोके नरपतिपथे सूचिभेद्यैस्तमोभिः 37b

रेवां द्रक्ष्यस्युपलविषमे विन्ध्यपादे विशीर्णां	19c
लक्ष्मीं पश्यंल्ललितवनितापादरागाङ्कितेषु	32d
लब्धायास्ते कथमपि मया स्वप्नसंदर्शनेषु	104b
लोलापाङ्गैर्यदि न रमसे लोचनैर्वञ्चितोऽसि	27d
वक्तुं धीरस्तनितवचनैर्मानिनीं प्रक्रमेथाः	96d
वक्रच्छायां शशिनि शिखिनां बर्हभारेषु केशान्	102b
वक्रः पन्था यदपि भवतः प्रस्थितस्योत्तराशां	27a
वक्ष्यत्यध्वश्रमपरिगतं सानुमानाम्रकूटः	17b
वक्ष्यस्यध्वश्रमविनयने तस्य शृङ्गे निषण्णः	52c
वन्द्यैः पुंसां रघुपतिपदैरङ्कितं मेखलासु	12b
वप्रक्रीडापरिणतगजप्रेक्षणीयं ददर्श	2d
वल्मीकाग्रात्प्रभवति धनुःखण्डमाखण्डलस्य	15b
वाचालं मां न खलु सुभगंमन्यभावः करोति	92c
वापी चास्मिन् मरकतशिलाबद्धसोपानमार्गा	74a
वामश्चास्याः कररुहपदैर्मुच्यमानो मदीयैः	94a
वामश्चायं नदति मधुरं चातकस्ते सगन्धः	10b
वित्तेशानां न च खलु वयो यौवनादन्यदस्ति	67d
विद्युद्गर्भः स्तिमितनयनां त्वत्सनाथे गवाक्षे	96c
विद्युद्दामस्फुरितचकितैस्तत्र पौराङ्गनानां	27c
विद्युद्वन्तं ललितवनिताः सेन्द्रचापं सचित्राः	64a
विन्यस्यन्ती भुवि गणनया देहलीदत्तपुष्पैः	85b

विश्रान्तः सन्व्रज वननदीतीरजानां निषिञ्चन् 26a
वीचिक्षोभस्तनितविहगश्रेणिकाञ्चीगुणायाः 28a
वेणीभूतप्रतनुसलिला तामतीतस्य सिन्धुः 29a
वेश्यास्त्वत्तो नखपदसुखान्प्राप्य वर्षाग्रबिन्दून् 35c
व्यालम्बेथाः सुरभितनयालम्भजां मानयिष्यन् 45c
व्यालुम्पन्ति स्फुटजललवस्यन्दिनश्चन्द्रकान्ताः 70d
शङ्कास्पृष्टा इव जलमुचस्त्वादृशा जालमार्गैः 71c
शङ्के रात्रौ गुरुतरशुचं निर्विनोदां सखीं ते 86b
शब्दाख्येयं यदपि किल ते यः सखीनां पुरस्तात् 101a
शब्दायन्ते मधुरमनिलैः कीचकाः पूर्यमाणाः 59a
शम्भोः केशग्रहणमकरोदिन्दुलग्नोर्मिहस्ता 50d
शय्योत्सङ्गे निहितमसकृद्दुःखदुःखेन गात्रम् 91b
शश्वत्सिद्धैरुपचितबलिं भक्तिनम्रः परीयाः 55b
शान्तिं नेयं प्रणयिभिरतो वर्त्म भानोस्त्यजाशु 39b
शान्तोद्वेगस्तिमितनयनं दृष्टभक्तिर्भवान्या 36d
शापस्यान्ते विगलितशुचा तां मयोद्वेष्टनीयाम् 88b
शापान्तो मे भुजगशयनादुत्थिते शार्ङ्गपाणौ 108a
शापेनास्तङ्गमितमहिमा वर्षभोग्येण भर्तुः 1b
शिप्रावातः प्रियतम इव प्रार्थनाचाटुकारः 31d
शीतो वायुः परिणमयिता काननोदुम्बराणाम् 42d
शुक्लापाङ्गैः सजलनयनैः स्वागतीकृत्य केकाः 22c

शुद्धस्नानात्परुषमलकं नूनमागण्डलम्बम् 89b
शृङ्गोच्छ्रायैः कुमुदविशदैर्यो वितत्य स्थितः खं 58c
शेषान्मासान्गमय चतुरो लोचने मीलयित्वा 108b
शेषैः पुण्यैर्हृतमिव दिवः कान्तिमत्खण्डमेकम् 30d
शोभां शुभ्रां त्रिनयनवृषोत्खातपङ्कोपमेयाम् 52d
शोभामद्रेः स्तिमितनयनप्रेक्षणीयां भवित्रीं 59c
श्यामः पादो बलिनियमनाभ्युद्यतस्येव विष्णोः 57d
श्यामास्वङ्गं चकितहरिणीप्रेक्षणे दृष्टिपातं 102a
श्रोणीभारादलसगमना स्तोकनम्रा स्तनाभ्यां 80c
श्रोष्यत्यस्मात्परमवहिता सौम्य सीमन्तिनीनां 98c
सङ्कल्पैस्तैर्विशति विधिना वैरिणा रुद्धमार्गः 100d
संक्षिप्येत क्षण इव कथं दीर्घयामा त्रियामा 106a
सङ्गीताय प्रहतमुरजाः स्निग्धगम्भीरघोषम् 64b
सङ्गीतार्थो ननु पशुपतेस्तत्र भावी समग्रः 56d
सद्यःकण्ठच्युतभुजलताग्रन्थि गाढोपगूढम् 95d
सद्यःकृत्तद्विरददशनच्छेदगौरस्य तस्य 59b
सद्यःपाति प्रणयि हृदयं विप्रयोगे रुणद्धि 9d
सद्यःसीरोत्कषणसुरभि क्षेत्रमारुह्य मालं 16c
सन्तप्तानां त्वमसि शरणं तत्पयोद प्रियायाः 7a
सन्देशं मे तदनु जलद श्रोष्यसि श्रोत्रपेयम् 13b
सन्देशं मे हर धनपतिक्रोधविश्लेषितस्य 7b

सन्देशार्थाः क्व पटुकरणैः प्राणिभिः प्रापणीयाः 5b
स प्रत्यग्रैः कुटजकुसुमैः कल्पितार्घाय तस्मै 4c
सम्पत्स्यन्ते कतिपयदिनस्थायिहंसा दशार्णाः 23d
सम्पत्स्यन्ते नभसि भवतो राजहंसाः सहायाः 11d
सम्भोगं वा हृदयनिहितारम्भमास्वादयन्ती 85c
सम्भोगान्ते मम समुचितो हस्तसंवाहनानां 94c
संसक्ताभिस्त्रिपुरविजयो गीयते किंनरीभिः 56b
संसर्पन्त्या सपदि भवतः स्रोतसि छाययासौ 51c
संसर्पन्त्याः स्खलितसुभगं दर्शितावर्तनाभेः 28b
सर्वावस्थास्वहरपि कथं मन्दमन्दातपं स्यात् 106b
सव्यापारामहनि न तथा पीडयेद्विप्रयोगः 86a
सान्तर्हासं कथितमसकृत्पृच्छतश्च त्वया मे 109c
सान्ध्यं तेजः प्रतिनवजपापुष्परक्तं दधानः 36b
साभ्रेऽह्नीव स्थलकमलिनीं नप्रबुद्धां नसुप्ताम् 90d
सारङ्गास्ते जललवमुचः सूचयिष्यन्ति मार्गम् 21d
सा संन्यस्ताभरणमबला पेशलं धारयन्ती 91a
सास्रेणाश्रुद्रुतमविरतोत्कण्ठमुत्कण्ठितेन 100b
सिद्धद्वन्द्वैर्जलकणभयाद्वीणिभिर्मुक्तमार्गः 45b
सीमन्ते च त्वदुपगमजं यत्र नीपं वधूनाम् 65d
सूर्यापाये न खलु कमलं पुष्यति स्वामभिख्याम् 78d
सेविष्यन्ते नयनसुभगं खे भवन्तं बलाकाः 10d

सोऽतिक्रान्तः श्रवणविषयं लोचनाभ्यामदृष्टः	101c
सोपानत्वं कुरु मणितटारोहणायाग्रयायी	60d
सौदामन्या कनकनिकषस्निग्धया दर्शयोर्वीं	37c
सौधोत्सङ्गप्रणयविमुखो मा स्म भूरुज्जयिन्याः	27b
सौभाग्यं ते सुभग विरहावस्थया व्यञ्जयन्ती	29c
सौहार्दाद्वा विधुर इति वा मय्यनुक्रोशबुद्ध्या	112b
स्त्रीणामाद्यं प्रणयवचनं विभ्रमो हि प्रियेषु	28d
स्थातव्यं ते नयनविषयं यावदत्येति भानुः	34b
स्थानादस्मात्सरसनिचुलादुत्पतोदङ्मुखः खं	14c
स्थित्वा तस्मिन्वनचरवधूभुक्तकुञ्जे मुहूर्तम्	19a
स्निग्धच्छायातरुषु वसतिं रामगिर्याश्रमेषु	1d
स्नेहव्यक्तिश्चिरविरहजं मुञ्चतो बाष्पमुष्णम्	12d
स्नेहानाहुः किमपि विरहे ध्वंसिनस्ते त्वभोगाद्	110c
स्पर्शक्लिष्टामयमितनखेनासकृत्सारयन्तीं	88c
स्त्रोतोमूर्त्या भुवि परिणतां रन्तिदेवस्य कीर्तिम्	45d
स्त्रोतोरन्ध्रध्वनितसुभगं दन्तिभिः पीयमानः	42b
स्यादस्थानोपगतयमुनासङ्गमेवाभिरामा	51d
स्वल्पीभूते सुचरितफले स्वर्गिणां गां गतानां	30c
हंसद्वारं भृगुपतियशोवर्त्म यत्क्रौञ्चरन्ध्रम्	57b
हंसश्रेणीरचितरशना नित्यपद्मा नलिन्यः	66b
हन्तैकस्मिन्क्वचिदपि न ते चण्डि सादृश्यमस्ति	102d

हर्म्येष्वस्याः कुसुमसुरभिष्वध्वखेदं नयेथाः 32c

हस्तन्यस्तं मुखमसकलव्यक्ति लम्बालकत्वात् 82c

हस्तप्राप्यस्तबकनमितो बालमन्दारवृक्षः 73d

हस्ते लीलाकमलमलके बालकुन्दानुविद्धं 65a

हित्वा तस्मिन्भुजगवलयं शंभुना दत्तहस्ता 60a

हित्वा हालामभिमतरसां रेवतीलोचनाङ्काम् 49a

हृत्वा नीलं सलिलवसनं मुक्तरोधोनितम्बम् 41b

हेमाम्भोजप्रसवि सलिलं मानसस्याददानः 62a

हैमैच्छन्ना विकचकमलैः स्निग्धवैदूर्यनालैः 74b

ह्रीमूढानां भवति विफलप्रेरणा चूर्णमुष्टिः 69d

Meghadūtam Quarter Verse Index (Roman)

pādānukramaṇikā

aṁsanyaste sati halabhṛto mecake vāsasīva	59d
aṅgaglāniṁ suratajanitāṁ tantujālāvalambāḥ	70b
aṅgenāṅgaṁ pratanu tanunā gāḍhataptena taptaṁ	100a
atyādityaṁ hutavahamukhe sambhṛtaṁ taddhi tejaḥ	43d
adreḥ śṛṅgaṁ harati pavanaḥ kiṁsvidityunmukhībhiḥ	14a
antarbāṣpaściramanucaro rājarājasya dadhyau	3b
antaḥśuddhastvamapi bhavitā varṇamātreṇa kṛṣṇaḥ	49d
antaḥsāraṁ ghana tulayituṁ nānilaḥ śakṣyati tvāṁ	20c
antastoyaṁ maṇimayabhuvastuṅgamabhraṁlihāgrāḥ	64c
anvāsyaināṁ stanitavimukho yāmamātraṁ sahasva	95b
apyanyasmiñjaladhara mahākālamāsādya kāle	34a
arcistuṅgānabhimukhamapi prāpya ratnapradīpān	69c
arhasyantarbhavanapatitāṁ kartumalpālpabhāsaṁ	79c
arhasyenaṁ śamayitumalaṁ vāridhārāsahasraiḥ	53c
avyāpannaḥ kuśalamabale pṛcchati tvāṁ viyuktaḥ	99c

avyāpannāmavihatagatirdrakṣyasi bhrātṛjāyām	9b
asraistāvan muhurupacitairdṛṣṭirālupyate me	103c
ākāṅkṣantīṁ nayanasalilotpīḍaruddhāvakāśām	89d
ā kailāsādbisakisalayacchedapātheyavantaḥ	11c
ātmānaṁ te caraṇapatitaṁ yāvadicchāmi kartum	103b
ādye baddhā virahadivase yā śikhā dāma hitvā	88a
ādhikṣāmāṁ virahaśayane sanniṣaṇṇaikapārśvāṁ	87a
ānandotthaṁ nayanasalilaṁ yatra nānyairnimittaiḥ	67a
āpannārtipraśamanaphalāḥ sampado hyuttamānām	53d
āpṛcchasva priyasakhamamuṁ tuṅgamāliṅgya śailaṁ	12a
āmandrāṇāṁ phalamavikalaṁ lapsyase garjitānām	34d
āmokṣyante tvayi madhukaraśreṇidīrghānkaṭākṣān	35d
ārādhyainaṁ śaravaṇabhavaṁ devamullaṅghitādhvā	45a
āliṅgyante guṇavati mayā te tuṣārādrivātāḥ	105c
ālekhyānāṁ salilakaṇikādoṣamutpādya sadyaḥ	71b
āloke te nipatati purā sā balivyākulā vā	83a
āvirbhūtaprathamamukulāḥ kandalīścānukaccham	21b
āśābandhaḥ kusumasadṛśaṁ prāyaśo hyaṅganānāṁ	9c
āṣāḍhasya prathamadivase meghamāśliṣṭasānuṁ	2c
āsīnānāṁ surabhitaśilaṁ nābhigandhairmṛgāṇāṁ	52a
āsevante madhu ratiphalaṁ kalpavṛkṣaprasūtaṁ	68c
itthaṁ cetaścaṭulanayane durlabhaprārthanaṁ me	106c
itthambhūtāṁ prathamavirahe tāmahaṁ tarkayāmi	92b
ityākhyāte pavanatanayaṁ maithilīvonmukhī sā	98a

ityautsukyādaparigaṇayanguhyakastaṁ yayāce 5c

indordainyaṁ tvadanusaraṇakliṣṭakānterbibharti 82d

iṣṭāndeśāñjalada vicara prāvṛṣā sambhṛtaśrīḥ 112c

iṣṭe vastunyupacitarasāḥ premarāśībhavanti 110d

utpaśyāmi tvayi taṭagate snigdhabhinnāñjanābhe 59a

utpaśyāmi drutamapi sakhe matpriyārthaṁ yiyāsoḥ 22a

utpaśyāmi pratanuṣu nadīvīciṣu bhrūvilāsān 102c

utsaṅge vā malinavasane saumya nikṣipya vīṇāṁ 84a

uddāmāni prathayati śilāveśmabhiryauvanāni 25d

udyānānāṁ navajalakaṇairyūthikājālakāni 26b

uṣṇocchvāsaṁ samadhikatarocchvāsinā dūravartī 100c

ekaṁ muktāguṇamiva bhuvaḥ sthūlamadhyendranīlam 46d

ekaḥ sakhyāstava saha mayā vāmapādābhilāṣī 76c

etatkṛtvā priyamanucitaprārthanāvartino me 112a

etasmānmāṁ kuśalinamabhijñānadānādviditvā 110a

ebhiḥ sādho hṛdayanihitairlakṣaṇairlakṣayethāḥ 78a

kaḥ sannaddhe virahavidhurāṁ tvayyupekṣeta jāyāṁ 8c

kaccitsaumya vyavasitamidaṁ bandhukṛtyaṁ tvayā me 111a

kaccidbhartuḥ smarasi rasike tvaṁ hi tasya priyeti 83d

kaṇṭhāśleṣapraṇayini jane kiṁ punardūrasaṁsthe 3d

karṇe lokaḥ kathayitumabhūdānanasparśalobhāt 101b

kartuṁ yacca prabhavati mahīmucchilīndhrāmavandhyāṁ 11a

kalpiṣyante sthiragaṇapadaprāptaye śraddadhānāḥ 55d

kaścitkāntāvirahaguruṇā svādhikārātpramattaḥ 1a

kasyātyantaṁ sukhamupanataṁ duḥkhamekāntato vā 107c
kāṅkṣatyanyo vadanamadirāṁ dohadacchadmanāsyāḥ 76d
kāntodantaḥ suhṛdupanataḥ saṅgamātkiñcidūnaḥ 98d
kāmārtā hi prakṛtikṛpaṇāścetanācetaneṣu 5d
kārśyaṁ yena tyajati vidhinā sa tvayaivopapādyaḥ 29d
kālakṣepaṁ kakubhasurabhau parvate parvate te 22b
kāle kāle bhavati bhavato yasya saṁyogametya 12c
kiñcitpaścādvraja laghugatirbhūya evottareṇa 16d
kundakṣepānugamadhukaraśrīmuṣāmātmabimbaṁ 47c
kurvankāmaṁ kṣaṇamukhapaṭaprītimairāvatasya 62b
kurvansandhyābalipaṭahatāṁ śūlinaḥ ślāghanīyāṁ 34c
kṛtvā tāsāmabhigamamapāṁ saumya sārasvatīnāṁ 49c
kekotkaṇṭhā bhavanaśikhino nityabhāsvatkalāpā 66c
ke vā na syuḥ paribhavapadaṁ niṣphalārambhayatnāḥ 54d
kailāsasya tridaśavanitādarpaṇasyātithiḥ syāḥ 58b
krīḍālolāḥ śravaṇaparuṣairgarjitairbhāyayestāḥ 61d
krīḍāśailaḥ kanakakadalīveṣṭanaprekṣaṇīyaḥ 75b
krīḍāśaile prathamakathite ramyasānau niṣaṇṇaḥ 79b
krīḍāśaile yadi ca vicaretpādacāreṇa gaurī 60b
krūrastasminnapi na sahate saṅgamaṁ nau kṛtāntaḥ 103d
kṣāmacchāyaṁ bhavanamadhunā madviyogena nūnaṁ 78c
kṣīṇaḥ kṣīṇaḥ parilaghu payaḥ srotasāṁ copabhujya 13d
kṣetraṁ kṣatrapradhanapiśunaṁ kauravaṁ tadbhajethāḥ 48b
kṣaumaṁ rāgādanibhṛtakareṣvākṣipatsu priyeṣu 69b

khadyotālīvilasitanibhāṁ vidyudunmeṣadṛṣṭim 79d
khinnaḥ khinnaḥ śikhariṣu padaṁ nyasya gantāsi yatra 13c
gacchantīnāṁ ramaṇavasatiṁ yoṣitāṁ tatra naktaṁ 37a
gaṇḍasvedāpanayanarujāklāntakarṇotpalānāṁ 26c
gaṇḍābhogātkaṭhinaviṣamāmekaveṇīṁ kareṇa 89d
gatvā cordhvaṁ daśamukhabhujocchvāsitaprasthasandheḥ 58a
gatvā sadyaḥ kalabhatanutāṁ śīghrasampātahetoḥ 79a
gatvā sadyaḥ phalamavikalaṁ kāmukatvasya labdhā 24b
gantavyā te vasatiralakā nāma yakṣeśvarāṇāṁ 7c
gambhīrāyāḥ payasi saritaścetasīva prasanne 40a
garbhādhānakṣaṇaparicayānnūnamābaddhamālāḥ 10c
gāḍhotkaṇṭhā guruṣu divaseṣveṣu gacchatsu bālāṁ 81c
gāḍhoṣmābhiḥ kṛtamaśaraṇaṁ tvadviyogavyathābhiḥ 106d
gaurīvaktrabhrukuṭiracanāṁ yā vihasyeva phenaiḥ 50c
cakṣuḥ khedātsalilagurubhiḥ pakṣmabhiśchādayantī 90c
cūḍāpāśe navakurabakaṁ cāru karṇe śirīṣaṁ 65c
channopāntaḥ pariṇataphaladyotibhiḥ kānanāmraiḥ 18a
chāyātmā'pi prakṛtisubhago lapsyate te praveśam 40b
chāyādānāt kṣaṇaparicitaḥ puṣpalāvīmukhānām 26d
jagdhvā'raṇyeṣvadhikasurabhiṁ gandhamāghrāya corvyāḥ 21c
jambūkuñjapratihatarayaṁ toyamādāya gaccheḥ 20b
jātaṁ vaṁśe bhuvanavidite puṣkarāvartakānāṁ 6a
jātāṁ manye śiśiramathitāṁ padminīṁ vā'nyarūpām 81d
jānāmi tvāṁ prakṛtipuruṣaṁ kāmarūpaṁ maghonaḥ 6b

jāne sakhyāstava mayi manaḥ sambhṛtasnehamasmād 92a

jālodgīrṇairupacitavapuḥ keśasaṁskāradhūpaiḥ 32a

jāhnoḥ kanyāṁ sagaratanayasvargasopānapaṅktim 50b

jīmūtena svakuśalamayīṁ hārayiṣyanpravṛttim 4b

jyotirlekhāvalayi galitaṁ yasya barhaṁ bhavānī 44a

jyotiśchāyākusumaracitānyuttamastrīsahāyāḥ 68b

taṁ cedvāyau sarati saralaskandhasaṅghaṭṭajanmā 53a

tacchrutvā te śravaṇasubhagaṁ garjitaṁ mānasotkāḥ 11b

tatkalyāṇi tvamapi nitarāṁ mā gamaḥ kātaratvam 107b

tatra vyaktaṁ dṛṣadi caraṇanyāsamardhendumauleḥ 55a

tatra skandaṁ niyatavasatiṁ puṣpameghīkṛtātmā 43a

tatrāgāraṁ dhanapatigṛhānuttareṇāsmadīyaṁ 73a

tatrāvaśyaṁ valayakuliśodghaṭṭanodgīrṇatoyaṁ 61a

tatsandeśairhṛdayanihitairāgataṁ tvatsamīpam 97b

tantrīmārdrāṁ nayanasalilaiḥ sārayitvā kathañcid 84c

tanmadhye ca sphaṭikaphalakā kāñcanī vāsayaṣṭiḥ 77a

tanvī śyāmā śikharidaśanā pakvabimbādharoṣṭhī 80a

tasmādasyāḥ kumudaviśadānyarhasi tvaṁ na dhairyān 40c

tasmādgaccheranukanakhalaṁ śailarājāvatīrṇāṁ 50a

tasminkāle jalada yadi sā labdhanidrāsukhā syāt 95a

tasminkāle nayanasalilaṁ yoṣitāṁ khaṇḍitānāṁ 39a

tasminnadrau katicidabalāviprayuktaḥ sa kāmī 2a

tasya sthitvā kathamapi puraḥ kautukādhānahetoḥ 3a

tasyā eva prabhavamacalaṁ prāpya gauraṁ tuṣāraiḥ 52b

tasyāḥ kiñcitkaradhṛtamiva prāptavānīraśākhaṁ 41a
tasyāḥ pātuṁ suragaja iva vyomni paścārdhalambī 51a
tasyāḥ sindhoḥ pṛthumapi tanuṁ dūrabhāvātpravāham 46b
tasyārambhaścaturavanitāvibhramaireva siddhaḥ 72d
tasyāstiktairvanagajamadairvāsitaṁ vāntavṛṣṭiḥ 20a
tasyāstīre racitaśikharaḥ peśalairindranīlaiḥ 75a
tasyotsaṅge praṇayina iva srastagaṅgādukūlāṁ 63a
tāṁ kasyāñcidbhavanavalabhau suptapārāvatāyāṁ 38a
tāṁ cāvaśyaṁ divasagaṇanātatparāmekapatnīṁ 9a
tāṁ jānīthāḥ parimitakathāṁ jīvitaṁ me dvitīyaṁ 81a
tānkurvīthāstumulakarakāvṛṣṭihāsāvakīrṇān 54c
tābhyo mokṣastava yadi sakhe gharmalabdhasya na syāt 61c
tāmāyuṣmanmama ca vacanādātmanaścopakartuṁ 99a
tāmuttīrya vraja paricitabhrūlatāvibhramāṇāṁ 47a
tāmutthāpya svajalakaṇikāśītalenānilena 96a
tāmunnidrāmavaniśayanāṁ saudhavātāyanasthaḥ 86d
tāmevoṣṇairvirahamahatīmaśrubhiryāpayantīm 87d
tālaiḥ śiñjāvalayasubhagairnartitaḥ kāntayā me 77c
tīropāntastanitasubhagaṁ pāsyasi svādu yasmāt 24c
tenārthitvaṁ tvayi vidhivaśāddūrabandhurgato'haṁ 6c
tenodīcīṁ diśamanusarestiryagāyāmaśobhī 57c
teṣāṁ dikṣu prathitavidiśālakṣaṇāṁ rājadhānīṁ 24a
toyakrīḍāniratayuvatisnānatiktairmarudbhiḥ 33d
toyotsargadrutataragatistatparaṁ vartma tīrṇaḥ 19b

toyotsargastanitamukharo mā ca bhūrviklavāstāḥ 37d
tvaṁ cedacchasphaṭikaviśadaṁ tarkayestiryagambhaḥ 51b
tvatsamparkāt pulakitamiva prauḍhapuṣpaiḥ kadambaiḥ 25b
tvatsaṁrodhāpagamaviśadaiścandrapādairniśīthe 70c
tvadgambhīradhvaniṣu śanakaiḥ puṣkareṣvāhateṣu 68d
tvanniṣyandocchvasitavasudhāgandhasamparkaramyaḥ 42a
tvayyādātuṁ jalamavanate śārṅgiṇo varṇacaure 46a
tvayyāyattaṁ kṛṣiphalamiti bhrūvikārānabhijñaiḥ 16a
tvayyārūḍhe śikharamacalaḥ snigdhaveṇīsavarṇe 18b
tvayyāsanne nayanamuparispandi śaṅke mṛgākṣyāḥ 93c
tvayyāsanne pariṇataphalaśyāmajambūvanāntāḥ 23c
tvāmārūḍhaṁ pavanapadavīmudgṛhītālakāntāḥ 8a
tvāmālikhya praṇayakupitāṁ dhāturāgaiḥ śilāyām 103a
tvāmāsārapraśamitavanopaplavaṁ sādhu mūrdhnā 17a
tvāmutkaṇṭhāviracitapadaṁ manmukhenedamāha 101d
tvāmutkaṇṭhocchvasitahṛdayā vīkṣya sambhāvya caiva 98b
darpotsekādupari śarabhā laṅghayiṣyantyalaṅghyam 54b
diṅnāgānāṁ pathi pariharansthūlahastāvalepān 14d
dīrghīkurvanpaṭu madakalaṁ kūjitaṁ sārasānāṁ 31a
dūrāllakṣyaṁ surapatidhanuścāruṇā toraṇena 73b
dūrībhūte mayi sahacare cakravākīmivaikām 81b
dṛṣṭaḥ svapne kitava ramayankāmapi tvaṁ mayeti 109d
dṛṣṭe sūrye punarapi bhavānvāhayedadhvaśeṣaṁ 38c
dṛṣṭotsāhaścakitacakitaṁ mugdhasiddhāṅganābhiḥ 14b

dvāropānte likhitavapuṣau śaṅkhapadmau ca dṛṣṭvā 78b
dhārāpātaistvamiva kamalānyabhyavarṣanmukhāni 48d
dhunvankalpadrumakisalayānyaṁśukānīva vātaiḥ 62c
dhūtodyānaṁ kuvalayarajogandhibhirgandhavatyāḥ 33c
dhūmajyotiḥsalilamarutāṁ sannipātaḥ kva meghaḥ 5a
dhūmodgārānukṛtinipuṇā jarjarā niṣpatanti 71d
dhautāpāṅgaṁ haraśaśirucā pāvakestaṁ mayūraṁ 44c
na kṣudro'pi prathamasukṛtāpekṣayā saṁśrayāya 17c
na tvaṁ dṛṣṭvā na punaralakāṁ jñāsyase kāmacārin 63b
nanvātmānaṁ bahu vigaṇayannātmanaivāvalambe 107a
na syādanyo'pyahamiva jano yaḥ parādhīnavṛttiḥ 8d
nādhyāsyanti vyapagataśucastvāmapi prekṣya haṁsāḥ 74d
nānāceṣṭairjalada lalitairnirviśestaṁ nagendram 62d
nānyastāpaḥ kusumaśarajādiṣṭasaṁyogasādhyāt 67b
nāpyanyasmātpraṇayakalahādviprayogopapattiḥ 67c
niḥśabdo'pi pradiśasi jalaṁ yācitaścātakebhyaḥ 111c
niḥśvāsānāmaśiśiratayā bhinnavarṇādharoṣṭham 82b
niḥśvāsenādharakisalayakleśinā vikṣipantīm 89a
nityajyotsnāḥ pratihatatamovṛttiramyāḥ pradoṣāḥ 66d
nidrāṁ gatvā kimapi rudatī sasvaraṁ viprabuddhā 109b
nirvindhyāyāḥ pathi bhava rasābhyantaraḥ sannipatya 28c
nirvekṣyāvaḥ pariṇataśaraccandrikāsu kṣapāsu 108d
nirhrādaste te muraja iva cetkandareṣu dhvaniḥ syāt 56c
nīcairākhyaṁ girimadhivasestatra viśrāmahetoḥ 25a

nīcairgacchatyupari ca daśā cakranemikrameṇa 107d

nīcairvāsyatyupajigamiṣordevapūrvaṁ giriṁ te 42c

nīḍārambhairgṛhabalibhujāmākulagrāmacaityāḥ 23b

nītā rātriḥ kṣaṇa iva mayā sārdhamicchāratairyā 87c

nītā lodhraprasavarajasā pāṇḍutāmānane śrīḥ 65b

nītvā māsānkanakavalayabhraṁśariktaprakoṣṭhaḥ 2b

nītvā rātriṁ ciravilasanāt khinnavidyutkalatraḥ 38b

nīpaṁ dṛṣṭvā haritakapiśaṁ kesarairardharūḍhaiḥ 21a

nīvībandhocchvasitaśithilaṁ yatra bimbādharāṇāṁ 69a

nūnaṁ tasyāḥ prabalaruditocchūnanetraṁ priyāyāḥ 82a

nūnaṁ yāsyatyamaramithunaprekṣaṇīyāmavasthāṁ 18c

nṛtyārambhe hara paśupaterārdranāgājinecchāṁ 36c

netrā nītāḥ satatagatinā yadvimānāgrabhūmīḥ 71a

neṣyanti tvāṁ surayuvatayo yantradhārāgṛhatvam 61b

pakṣmotkṣepāduparivilasatkṛṣṇaśāraprabhāṇām 47b

paścādadrigrahaṇagurubhirgarjitairnartayethāḥ 44d

paścādāvāṁ virahaguṇitaṁ taṁ tamātmābhilāṣaṁ 108c

paścāduccairbhujataruvanaṁ maṇḍalenābhilīnaḥ 36a

paśyantīnāṁ na khalu bahuśo na sthalīdevatānāṁ 104c

pāṇḍucchāyā taṭaruhatarubhraṁśibhirjīrṇaparṇaiḥ 29b

pāṇḍucchāyopavanavṛtayaḥ ketakaiḥ sūcibhinnaiḥ 23a

pātrīkurvandaśapuravadhūnetrakautūhalānām 47d

pādanyāsaiḥ kvaṇitaraśanāstatra līlāvadhūtaiḥ 35a

pādānindoramṛtaśiśirāñjālamārgapraviṣṭān 90a

puṇyaṁ yāyāstribhuvanagurordhāma caṇḍīśvarasya 33b
putrapremṇā kuvalayadalaprāpi karṇe karoti 44b
puṣpāsāraiḥ snapayatu bhavānvyomagaṅgājalārdraiḥ 43b
pūrvaṁ spṛṣṭaṁ yadi kila bhavedaṅgamebhistaveti 105d
pūrvaprītyā gatamabhimukhaṁ sannivṛttaṁ tathaiva 90b
pūrvābhāṣyaṁ sulabhavipadāṁ prāṇināmetadeva 99d
pūrvoddiṣṭāmupasara purīṁ śrīviśālāṁ viśālām 30b
pṛcchantī vā madhuravacanāṁ sārikāṁ pañjarasthāṁ 83c
pratyakṣaṁ te nikhilamacirādbhrātaruktaṁ mayā yat 97d
pratyādeśādapi ca madhuno vismṛtabhrūvilāsam 93b
pratyādeśānna khalu bhavato dhīratāṁ kalpayāmi 111b
pratyāvṛttastvayi kararudhi syādanalpābhyasūyaḥ 39d
pratyāśvastāṁ samamabhinavairjālakairmālatīnām 96b
pratyāsanne nabhasi dayitājīvitālambanārthī 4a
pratyāsannau kurabakavṛtermādhavīmaṇḍapasya 76b
pratyuktaṁ hi praṇayiṣu satāmīpsitārthakriyaiva 111d
pratyudyātaḥ kathamapi bhavāngantumāśu vyavasyet 22d
pratyūṣeṣu sphuṭitakamalāmodamaitrīkaṣāyaḥ 31b
prasthānaṁ te kathamapi sakhe lambamānasya bhāvi 41c
prācīmūle tanumiva kalāmātraśeṣāṁ himāṁśoḥ 87b
prāpyāvantīnudayanakathākovidagrāmavṛddhān 30a
prāpte mitre bhavati vimukhaḥ kiṁ punaryastathoccaiḥ 17d
prāyaḥ sarvo bhavati karuṇāvṛttirārdrāntarātmā 91d
prāyaścāpaṁ na vahati bhayānmanmathaḥ ṣaṭpadajyam 72b

prāyeṇaite ramaṇaviraheṣvaṅganānāṁ vinodāḥ 85d
prāleyādrerupataṭamatikramya tāṁstān viśeṣān 57a
prāleyāsraṁ kamalavadanātso'pi hartuṁ nalinyāḥ 39c
prāsādāstvāṁ tulayitumalaṁ yatra taistairviśeṣaiḥ 64d
prītaḥ prītipramukhavacanaṁ svāgataṁ vyājahāra 4d
prītisnigdhairjanapadavadhūlocanaiḥ pīyamānaḥ 16b
prekṣiṣyante gaganagatayo nūnamāvarjya dṛṣṭīḥ 46c
prekṣiṣyante pathikavanitāḥ pratyayādāśvasatyaḥ 8b
prekṣyopāntasphuritataḍitaṁ tvāṁ tameva smarāmi 75d
bandhuprītyā bhavanaśikhibhirdattanṛtyopahāraḥ 32b
bandhuprītyā samaravimukho lāṅgalī yāḥ siṣeve 49b
barheṇeva sphuritarucinā gopaveṣasya viṣṇoḥ 15d
bādhetolkākṣapitacamarībālabhāro davāgniḥ 53b
bāhyodyānasthitaharaśiraścandrikādhautaharmyā 7d
brahmāvartaṁ janapadamathacchāyayā gāhamānaḥ 48a
brūyā evaṁ tava sahacaro rāmagiryāśramasthaḥ 99b
bhakticchedairiva viracitāṁ bhūtimaṅge gajasya 19d
bhaṅgībhaktyā viracitavapuḥ stambhitāntarjalaughaḥ 60c
bhartuḥ kaṇṭhacchaviriti gaṇaiḥ sādaraṁ vīkṣyamāṇaḥ 33a
bharturmitraṁ priyamavidhave viddhi māmambuvāhaṁ 97a
bhittvā sadyaḥ kisalayapuṭān devadārudrumāṇāṁ 105a
bhūyaścāha tvamapi śayane kaṇṭhalagnā purā me 109a
bhūyo bhūyaḥ svayamapi kṛtāṁ mūrcchanāṁ vismarantī 84d
matvā devaṁ dhanapatisakhaṁ yatra sākṣādvasantaṁ 72a

matsaṁyogaḥ kathamupanametsvapnajo'pīti nidrām 89c
matsandeśaiḥ sukhayitumalaṁ paśya sādhvīṁ niśīthe 86c
matsādṛśyaṁ virahatanu vā bhāvagamyaṁ likhantī 83b
madgehinyāḥ priya iti sakhe cetasā kātareṇa 75c
madgotrāṅkaṁ viracitapadaṁ geyamudgātukāmā 84b
madhye kṣāmā cakitahariṇīprekṣaṇā nimnanābhiḥ 80b
madhye śyāmaḥ stana iva bhuvaḥ śeṣavistārapāṇḍuḥ 18d
mandaṁ mandaṁ nudati pavanaścānukūlo yathā tvāṁ 10a
mandāyante na khalu suhṛdāmabhyupetārthakṛtyāḥ 38d
mandrasnigdhairdhvanibhirabalāveṇimokṣotsukāni 97d
mā kaulīnādasitanayane mayyaviśvāsinī bhūḥ 110b
mā bhūdasyāḥ praṇayini mayi svapnalabdhe kathañcit 95c
mā bhūdevaṁ kṣaṇamapi ca te vidyutā viprayogaḥ 112d
māmākāśapraṇihitabhujaṁ nirdayāśleṣahetoḥ 104a
mārgaṁ tāvacchṛṇu kathayatastvatprayāṇānurūpaṁ 13a
mīnakṣobhāccalakuvalayaśrītulāmeṣyatīti 93d
muktājālaṁ ciraparicitaṁ tyājito daivagatyā 94b
muktājālagrathitamalakaṁ kāminīvābhravṛndam 63d
muktāsthūlāstarukisalayeṣvaśruleśāḥ patanti 104d
mūle baddhā maṇibhiranatiprauḍhavaṁśaprakāśaiḥ 77b
meghāloke bhavati sukhino'pyanyathāvṛtti cetaḥ 3c
moghīkartuṁ caṭulaśapharodvartanaprekṣitāni 40d
yaḥ paṇyastrīratiparimalodgāribhirnāgarāṇāṁ 25c
yakṣaścakre janakatanayāsnānapuṇyodakeṣu 1c

yatra strīṇāṁ priyatamabhujocchvāsitāliṅgitānāṁ 70a

yatra strīṇāṁ harati surataglānimaṅgānukūlaḥ 31c

yatronmattabhramaramukharāḥ pādapā nityapuṣpāḥ 66a

yasmindṛṣṭe karaṇavigamādūrdhvamuddhūtapāpāḥ 55c

yasyāṁ yakṣāḥ sitamaṇimayānyetya harmyasthalāni 68a

yasyāstoye kṛtavasatayo mānasaṁ sannikṛṣṭaṁ 74c

yasyopānte kṛtakatanayaḥ kāntayā vardhito me 73c

yācñā moghā varamadhiguṇe nādhame labdhakāmā 6d

yā tatra syādyuvativiṣaye sṛṣṭirādyeva dhātuḥ 80d

yāmadhyāste divasavigame nīlakaṇṭhaḥ suhṛdvaḥ 77d

yā vaḥ kāle vahati salilodgāramuccairvimānā 63c

yāsyatyūruḥ sarasakadalīstambhagauraścalatvam 94d

ye tatkṣīrasrutisurabhayo dakṣiṇena pravṛttāḥ 105b

ye tvāṁ kuktadhvanimasahanāḥ svāṅgabhaṅgāya tasmin 54a

yena śyāmaṁ vapuratitarāṁ kāntimāpatsyate te 15c

yo vṛndāni tvarayati pathi śrāmyatāṁ proṣitānāṁ 97c

rakṣāhetornavaśaśibhṛtā vāsavīnāṁ camūnāṁ 43c

raktāśokaścalakisalayaḥ kesaraścātra kāntaḥ 76a

ratnacchāyākhacitavalibhiścāmaraiḥ klāntahastāḥ 35b

ratnacchāyāvyatikara iva prekṣyametatpurastād 15a

rājanyānāṁ śitaśaraśatairyatra gāṇḍīvadhanvā 48c

rāśībhūtaḥ pratidinamiva tryambakasyāṭṭahāsaḥ 58d

riktaḥ sarvo bhavati hi laghuḥ pūrṇatā gauravāya 20d

ruddhāpāṅgaprasaramalakairañjanasnehaśūnyaṁ 93a

ruddhāloke narapatipathe sūcibhedyaistamobhiḥ	37b
revāṁ drakṣyasyupalaviṣame vindhyapāde viśīrṇāṁ	19c
lakṣmīṁ paśyaṁllalitavanitāpādarāgāṅkiteṣu	32d
labdhāyāste kathamapi mayā svapnasandarśaneṣu	104b
lolāpāṅgairyadi na ramase locanairvañcito'si	27d
vaktuṁ dhīrastanitavacanairmāninīṁ prakramethāḥ	96d
vaktracchāyāṁ śaśini śikhināṁ barhabhāreṣu keśān	102b
vakraḥ panthā yadapi bhavataḥ prasthitasyottarāśāṁ	27a
vakṣyatyadhvaśramaparigataṁ sānumānāmrakūṭaḥ	17b
vakṣyasyadhvaśramavinayane tasya śṛṅge niṣaṇṇaḥ	52c
vandyaiḥ puṁsāṁ raghupatipadairaṅkitaṁ mekhalāsu	12b
vaprakrīḍāpariṇatagajaprekṣaṇīyaṁ dadarśa	2d
valmīkāgrātprabhavati dhanuaḥkhaṇḍamākhaṇḍalasya	15b
vācālaṁ māṁ na khalu subhagammanyabhāvaḥ karoti	92c
vāpī cāsmin marakataśilābaddhasopānamārgā	74a
vāmaścāsyāḥ kararuhapadairmucyamāno madīyaiḥ	94a
vāmaścāyaṁ nadati madhuraṁ cātakaste sagandhaḥ	10b
vitteśānāṁ na ca khalu vayo yauvanādanyadasti	67d
vidyudgarbhaḥ stimitanayanāṁ tvatsanāthe gavākṣe	96c
vidyuddāmasphuritacakitaistatra paurāṅganānāṁ	27c
vidyudvantaṁ lalitavanitāḥ sendracāpaṁ sacitrāḥ	64a
vinyasyantī bhuvi gaṇanayā dehalīdattapuṣpaiḥ	85b
viśrāntaḥ sanvraja vananadītīrajānāaṁ niṣiñcan	26a
vīcikṣobhastanitavihagaśreṇikāñcīguṇāyāḥ	28a

veṇībhūtapratanusalilā tāmatītasya sindhuḥ 29a
veśyāstvatto nakhapadasukhānprāpya varṣāgrabindūn 35c
vyālambethāḥ surabhitanayālambhajāṁ mānayiṣyan 45c
vyālumpanti sphuṭajalalavasyandinaścandrakāntāḥ 70d
śaṅkāspṛṣṭā iva jalamucastvādṛśā jālamārgaiḥ 71c
śaṅke rātrau gurutaraśucaṁ nirvinodāṁ sakhīṁ te 86b
śabdākhyeyaṁ yadapi kila te yaḥ sakhīnāṁ purastāt 101a
śabdāyante madhuramanilaiḥ kīcakāḥ pūryamāṇāḥ 59a
śambhoḥ keśagrahaṇamakarodindulagnormihastā 50d
śayyotsaṅge nihitamasakṛdduḥkhaduḥkhena gātram 91b
śaśvatsiddhairupacitabaliṁ bhaktinamraḥ parīyāḥ 55b
śāntiṁ neyaṁ praṇayibhirato vartma bhānostyajāśu 39b
śāntodvegastimitanayanaṁ dṛṣṭabhaktirbhavānyā 36d
śāpasyānte vigalitaśucā tāṁ mayodveṣṭanīyām 88b
śāpānto me bhujagaśayanādutthite śārṅgapāṇau 108a
śāpenāstaṅgamitamahimā varṣabhogyeṇa bhartuḥ 1b
śiprāvātaḥ priyatama iva prārthanācāṭukāraḥ 31d
śīto vāyuḥ pariṇamayitā kānanodumbarāṇām 42d
śuklāpāṅgaiḥ sajalanayanaiḥ svāgatīkṛtya kekāḥ 22c
śuddhasnānātparuṣamalakaṁ nūnamāgaṇḍalambam 89b
śṛṅgocchrāyaiḥ kumudaviśadairyo vitatya sthitaḥ khaṁ 58c
śeṣānmāsāngamaya caturo locane mīlayitvā 108b
śeṣaiḥ puṇyairhṛtamiva divaḥ kāntimatkhaṇḍamekam 30d
śobhāṁ śubhrāaṁ trinayanavṛṣotkhātapaṅkopameyām 52d

śobhāmadreḥ stimitanayanaprekṣaṇīyāṁ bhavitrīṁ 59c
śyāmaḥ pādo baliniyamanābhyudyatasyeva viṣṇoḥ 57d
śyāmāsvaṅgaṁ cakitahariṇīprekṣaṇe dṛṣṭipātaṁ 102a
śroṇībhārādalasagamanā stokanamrā stanābhyāṁ 80c
śroṣyatyasmātparamavahitā saumya sīmantinīnāṁ 98c
saṅkalpaistairviśati vidhinā vairiṇā ruddhamārgaḥ 100d
saṅkṣipyeta kṣaṇa iva kathaṁ dīrghayāmā triyāmā 106a
saṅgītāya prahatamurajāḥ snigdhagambhīraghoṣam 64b
saṅgītārtho nanu paśupatestatra bhāvī samagraḥ 56d
sadyaḥkaṇṭhacyutabhujalatāgranthi gāḍhopagūḍham 95d
sadyaḥkṛttadviradadaśanacchedagaurasya tasya 59b
sadyaḥpāti praṇayi hṛdayaṁ viprayoge ruṇaddhi 9d
sadyaḥsīrotkaṣaṇasurabhi kṣetramāruhya mālaṁ 16c
santaptānāṁ tvamasi śaraṇaṁ tatpayoda priyāyāḥ 7a
sandeśaṁ me tadanu jalada śroṣyasi śrotrapeyam 13b
sandeśaṁ me hara dhanapatikrodhaviśleṣitasya 7b
sandeśārthāḥ kva paṭukaraṇaiḥ prāṇibhiḥ prāpaṇīyāḥ 5b
sa pratyagraiḥ kuṭajakusumaiḥ kalpitārghāya tasmai 4c
sampatsyante katipayadinasthāyihaṁsā daśārṇāḥ 23d
sampatsyante nabhasi bhavato rājahaṁsāḥ sahāyāḥ 11d
sambhogaṁ vā hṛdayanihitārambhamāsvādayantī 85c
sambhogānte mama samucito hastasaṁvāhanānāṁ 94c
saṁsaktābhistripuravijayo gīyate kinnarībhiḥ 56b
saṁsarpantyā sapadi bhavataḥ srotasi chāyayāsau 51c

saṁsarpantyāḥ skhalitasubhagaṁ darśitāvartanābheḥ 28b
sarvāvasthāsvaharapi kathaṁ mandamandātapaṁ syāt 106b
savyāpārāmahani na tathā pīḍayedviprayogaḥ 86a
sāntarhāsaṁ kathitamasakṛtpṛcchataśca tvayā me 109c
sāndhyaṁ tejaḥ pratinavajapāpuṣparaktaṁ dadhānaḥ 36b
sābhre'hnīva sthalakamalinīṁ naprabuddhāṁ nasuptām 90d
sāraṅgāste jalalavamucaḥ sūcayiṣyanti mārgam 21d
sā sannyastābharaṇamabalā peśalaṁ dhārayantī 91a
sāsreṇāśrudrutamaviratotkaṇṭhamutkaṇṭhitena 100b
siddhadvandvairjalakaṇabhayādvīṇibhirmuktamārgaḥ 45b
sīmante ca tvadupagamajaṁ yatra nīpaṁ vadhūnām 65d
sūryāpāye na khalu kamalaṁ puṣyati svāmabhikhyām 78d
seviṣyante nayanasubhagaṁ khe bhavantaṁ balākāḥ 10d
so'tikrāntaḥ śravaṇaviṣayaṁ locanābhyāmadṛṣṭaḥ 101c
sopānatvaṁ kuru maṇitaṭārohaṇāyāgrayāyī 60d
saudāmanyā kanakanikaṣasnigdhayā darśayorvīṁ 37c
saudhotsaṅgapraṇayavimukho mā sma bhūrujjayinyāḥ 27b
saubhāgyaṁ te subhaga virahāvasthayā vyañjayantī 29c
sauhārdādvā vidhura iti vā mayyanukrośabuddhyā 112b
strīṇāmādyaṁ praṇayavacanaṁ vibhramo hi priyeṣu 28d
sthātavyaṁ te nayanaviṣayaṁ yāvadatyeti bhānuḥ 34b
sthānādasmātsarasaniculādutpatodaṅmukhaḥ khaṁ 14c
sthitvā tasminvanacaravadhūbhuktakuñje muhūrtam 19a
snigdhacchāyātaruṣu vasatiṁ rāmagiryāśrameṣu 1d

snehavyaktiściravirahajaṁ muñcato bāṣpamuṣṇam 12d

snehānāhuḥ kimapi virahe dhvaṁsinaste tvabhogād 110c

sparśakliṣṭāmayamitanakhenāsakṛtsārayantīṁ 88c

srotomūrtyā bhuvi pariṇatāṁ rantidevasya kīrtim 45d

srotorandhradhvanitasubhagaṁ dantibhiḥ pīyamānaḥ 42b

syādasthānopagatayamunāsaṅgamevābhirāmā 51d

svalpībhūte sucaritaphale svargiṇāṁ gāṁ gatānāṁ 30c

haṁsadvāraṁ bhṛgupatiyaśovartma yatkrauñcarandhram 57b

haṁsaśreṇīracitaraśanā nityapadmā nalinyaḥ 66b

hantaikasminkvacidapi na te caṇḍi sādṛśyamasti 102d

harmyeṣvasyāḥ kusumasurabhiṣvadhvakhedaṁ nayethāḥ 32c

hastanyastaṁ mukhamasakalavyakti lambālakatvāt 82c

hastaprāpyastabakanamito bālamandāravṛkṣaḥ 73d

haste līlākamalamalake bālakundānuviddhaṁ 65a

hitvā tasminbhujagavalayaṁ śambhunā dattahastā 60a

hitvā hālāmabhimatarasāṁ revatīlocanāṅkām 49a

hṛtvā nīlaṁ salilavasanaṁ muktarodhonitambam 41b

hemāmbhojaprasavi salilaṁ mānasasyādadānaḥ 62a

haimaicchannā vikacakamalaiḥ snigdhavaidūryanālaiḥ 74b

hrīmūḍhānāṁ bhavati viphalapreraṇā cūrṇamuṣṭiḥ 69d

Printed in Great Britain
by Amazon

36020660R00109